1- Calligraphie de la couverture : Salah Moussawy
2 - 4é de couverture : DWIGHT Renolds, Professeur de littérature Arabe, university of Californie, Santa Barbara.

« Quand sera brisé l'infini servage de la femme ;
Quand elle vivra pour elle et par elle
Elle sera poète elle aussi ! »
Arthur Rimbaud

FLORILEGE DE LA POESIE ANDALOUSE AU FEMININ

Hamdane HADJADJI

Professeur honoraire à l'université d'Alger

1- Calligraphie de la couverture : Salah Moussawy
2 - 4é de couverture : DWIGHT Renolds, Professeur de littérature Arabe, university of Californie, Santa Barbara.

« Quand sera brisé l'infini servage de la femme ;
Quand elle vivra pour elle et par elle
Elle sera poète elle aussi ! »
Arthur Rimbaud

A Houaria, ma femme,
dont la présence à mes côtés
m'a permis de tenir et de supporter
autant que faire se peut
l'épreuve de l'exil.

INTRODUCTION

La dynastie umeyyade fondée par Mu'awiya en 661 à Damas a été renversée par les Abbassides en 750. La préoccupation des nouveaux maîtres a été d'inscrire leur dynastie dans la durée en procédant à l'élimination de tous les héritiers umeyyades, mettant ainsi un terme définitif à toute contestation de leur pouvoir.

Un jeune prince marwanide, fils de Mu 'awiya, parvint à quitter l'Orient pour se réfugier en Ifriqiya à Kairouan, d'où il rejoignit la Péninsule Ibérique pour s'installer à Cordoue, qui devint la capitale de son Emirat.
Cet Emir, connu désormais sous le nom de Abd er Rahmân ad Dâkhil c'est-à-dire l'immigré, était, de l'avis de tous les historiens, un personnage énergique qui parvint assez rapidement à rétablir la paix et la sécurité.
Son rêve était de faire revivre, à travers son émirat, la dynastie de ses ancêtres avec pour capitale Cordoue, qui serait à l'image de Damas. Pour ce faire, il commença par recréer un environnement qui lui rappellerait son enfance, d'où la construction de la Rusâfa au nord-ouest de Cordoue, semblable en tous points à celle de Damas. Il en fit sa résidence champêtre avec des jardins où furent plantées des essences exotiques amenées de Syrie, sans oublier la plantation d'un palmier qu'il pouvait contempler à tous moments avec nostalgie.
Poursuivant son œuvre, il construisit le Palais et bien sûr la grande mosquée que nous pouvons admirer encore aujourd'hui.

Pour animer les soirées de l'Alcazar, Abd er Rahmân ad Dâkhil, devenu Abd er Rahmân Premier, fit venir d'Orient des chanteuses parmi les plus célèbres qu'il logea dans une résidence à l'intérieur même du Palais et qu'on appela la résidence des Médinoises, car la plupart de ces artistes étaient originaires de Médine. Cet Emir était en bonne voie vers le but qu'il s'était assigné lorsqu'il meurt en 788, après avoir régné 33 ans, laissant à son successeur un émirat structuré, stable et prospère.

Parmi ses successeurs, citons Abderrahmâne II, un de ses arrière-petits-fils qui vit le jour à Tolède en 792 et qui accéda au trône en 822 pour régner une trentaine d'années, durant lesquelles il favorisa le développement des lettres, des arts et des sciences, qui connurent un grand essor.
Il eut l'immense privilège d'accueillir le fameux Ziryâb qui allait jouer un rôle majeur dans l'évolution de cette société andalouse qui regardait toujours vers l'Orient, le parfait modèle qu'il fallait imiter. Avec l'arrivée de Ziryâb, c'était en quelque sorte l'Orient qui venait en Occident.
Mais qui donc est Ziryâb ?

Son nom est Abu l Hassan Ali ibn Nâfi' ; il serait né entre 780 et 790 à Baghdâd. Il fut très tôt attiré par l'art musical. Son maître sera Ibrâhîm al Mawsilî, l'illustre musicologue de l'époque qui avait la charge de distraire le Calife Harûn ar Rachîd. Il arriva un jour qu'il eut à remplacer son maître pour animer la soirée. Il ne manqua pas de charmer l'assistance et en premier lieu le Calife lui-même par son chant, tout en s'accompagnant d'un luth de son invention. Ce succès ne fut pas du goût du maître qui voyait en Ziryâb un rival susceptible de lui ravir sa place à la cour et toutes les faveurs de Harûn ar Rachîd. Mais celui-ci n'aura plus l'occasion de le revoir et encore moins de le réécouter.

En effet, Ibrâhîm al Mawsilî dut, pour conserver ses privilèges, contraindre, avec force menaces, son disciple à ne plus paraître à la cour, ou mieux encore à quitter Baghdad pour toujours.
Ziryâb, craignant pour sa vie, jugea prudent de s'éloigner complètement et d'aller chercher fortune ailleurs. Après avoir traversé l'Egypte, il arriva en Tunisie où il fut accueilli à la cour du prince aghlabide Ziyâdatu Allâh. Mais peu de temps après, les relations entre les deux hommes se sont détériorées et voilà encore Ziryâb contraint d'aller vers un ailleurs plus clément. Ce fut à ce moment-là, écrit le

musicologue Mahmûd Guettât, qu'un émissaire de l'émir de Cordoue se trouvait là en mission à la recherche d'artistes pour animer les soirées cordouanes. Ce fut une heureuse rencontre entre les deux hommes. Chacun y trouvait son compte. C'est ainsi que ce jeune musicien, déjà célèbre, atterrit à Cordoue où il fut accueilli avec faste par l'émir Abderrahmân II [1]

Très vite, Ziryâb s'est senti à l'aise dans cette société où la musique et la poésie étaient goûtées par tous. Il s'employa tout naturellement à développer cet art, en dotant Cordoue d'un conservatoire où furent formés de nombreux musiciens, dont ses garçons et ses filles.

Mais Ziryâb n'était pas seulement un musicien de génie, il était versé dans d'autres disciplines telles l'astronomie ou la géographie. Grâce à son esprit créatif, il révolutionna la société andalouse en introduisant l'art culinaire et vestimentaire, les cosmétiques, le goût des parures, les soins de beauté. C'est encore Mahmûd Guettât qui nous fait remarquer que ce fut Ziryâb qui ouvrit un institut de beauté, où l'on enseignait l'art de se farder, de s'épiler, d'employer des pâtes dentifrices, de se coiffer. On peut dire qu'il a été pour beaucoup dans ce savoir- vivre des Andalous que l'historien Maqqari a tant apprécié.

Après sa mort en 852, quarante jours avant celle de son protecteur Abdarrahman II, ses enseignements furent maintenus par ses disciples et sans cesse développés, ce qui permit l'émergence d'un Ibn Badjdja (1078-1138), un autre génie qui surpassa tous ses maîtres.

La troisième personnalité a été Abdarrahmân III qui fut le premier à prendre le titre de Calife à l'instar du Calife fatimide au Caire, rompant ainsi sa tutelle avec Baghdad. Son règne dura un demi siècle (912-961), et marqua l'apogée de la dynastie umeyyade à Cordoue. Tous les historiens s'accordent à dire qu'il était d'une tolérance légendaire et qu'il était exceptionnellement doué, réussissant ainsi à pacifier un royaume devenu très riche et à assurer à ses sujets un bien- être marqué par les nombreuses fêtes qui avaient lieu, soit à l'Alcazar, soit à Madinat Az Zahrâ, la luxueuse résidence qu'il se fit construire dans la banlieue de Cordoue.

Après sa mort en 961, ce sera son fils Al Hakam II, surnommé Al Mustansir billah, qui lui succéda. Ce second Calife umeyyade sut se montrer digne de son père en poursuivant son œuvre culturelle. Etant lui-même un savant, il était normal qu'il soit un protecteur zélé et généreux des arts, des sciences et de l'éducation populaire. On a relevé de son temps, que chaque hameau avait son école primaire, chaque ville son collège et chaque métropole avait les trois degrés d'enseignement ; il est aisé d'en déduire que tout le monde, comme l'observe l'historien Dozy, savait lire et écrire, les garçons comme les filles. Cet enseignement généralisé n'était pas gratuit mais les maîtres qui avaient en charge d'instruire les enfants dont les parents étaient démunis étaient rétribués par le trésor sur ordre d'Al Hakam ; c'était là une mesure concrète pour assurer, ce qui fait l'actualité d'aujourd'hui, l'égalité des chances pour tous. Mais malheureusement, cette mesure ne survécut pas à son initiateur.

Al Hakam II était en outre un bibliophile de premier plan. Son amour du livre ne connaissait aucune limite : il engagea des émissaires pour sillonner tout l'Orient afin d'acquérir les dernières publications qui viendraient enrichir sa bibliothèque, qui fut une de ses plus grandes réalisations avec 400 mille titres, ce qui représentait une fortune, lorsqu'on sait que les scribes ne pouvaient mettre sur le marché qu'un nombre limité d'ouvrages pour chaque titre, le premier arrivé était le premier servi. Selon une anecdote qui illustre bien cet esprit compétitif, on rapporte qu'Al Hakam II aurait acheté « le livre des chansons d'Abu l Faradj al isfahânî, avant qu'il ne soit achevé pour mille dinars » . C'était là une somme astronomique lorsqu'on sait qu'un dinar s'échangeait contre 17dirhèmes et qu'un ouvrier boulanger gagnait un dirhème à un dirhème et demi par jour.

Il est à remarquer qu'Al Hakam II qui mena cette politique du livre durant 15 années de son règne, fit de Cordoue le centre scientifique et culturel le plus important de son époque. Les savants et chercheurs, aussi bien orientaux qu'occidentaux, avaient accès à cette riche bibliothèque. On vit fleurir à l'université de Cordoue les études de mathématiques, d'astronomie et de médecine, sans parler des lettres et de la poésie ou des sciences juridiques et lexicographiques.
Ce goût du livre a gagné tous les notables, car il était de bon ton de posséder une bibliothèque personnelle à l'instar de celle du Calife, mais le plus remarquable a été l'établissement de bibliothèques publiques dans les jardins, à l'intention des promeneurs qui pouvaient consulter, à leur guise, les ouvrages exposés et joindre ainsi l'utile à l'agréable.

A la mort d'Al Hakam II, Cordoue était au firmament, ce qui amena l'historien Charles-Emmanuel Dufourcq à observer qu' « à aucun moment , ni Rome ni Paris, deux des villes les plus peuplées de l'Occident chrétien, n'ont atteint, un tant soit peu, la splendeur de Cordoue, le plus grand centre urbain de l'Europe arabo-islamique. »[2].
Son fils et successeur Hichâm, étant encore mineur, ne pouvait exercer le pouvoir ; ce sera le maire du palais, Al Mansûr ibn Abi Amir, qui sera propulsé par la reine, dont il aurait été l'amant, au sommet de l'Etat. L'Andalousie entra dans une nouvelle ère, où dominaient les militaires et les religieux, ce qui ne pouvait être qu'un mauvais présage pour l'avenir.

Après quelques décennies en effet, tout l'édifice patiemment construit par les Umeyyades pendant des siècles s'est effondré, ce qui eut pour conséquence une guerre civile entre les différents clans, avides de pouvoir. La paix

n'intervint que 25 ans plus tard par lassitude, chaque clan ayant décidé de se maintenir sur le territoire qu'il dominait, ce qui donna naissance à des petits royaumes, dirigés par des rois appelés les « Muluk at Tawaif » -les reyes dès Taifas- qui représentaient les différentes ethnies, à savoir les Arabes ou plus précisément les Andalous, les Berbères et les Affranchis.
Nous assistons là, à une décentralisation qui eut pour effet de multiplier les cours où chaque Prince oeuvrait à faire de sa capitale ce que fut la Cordoue de jadis. Malgré quelques guerres fratricides épisodiques, on peut dire que l'Andalousie connut une ère de paix relative où, fait rare dans l'histoire, le culturel surpassa le militaire. Il était, en effet, plus gratifiant d'avoir une cour où résideraient les plus grands savants, les plus illustres poètes et les meilleurs artistes plutôt qu'une cour de militaires héroïques, dont les campagnes victorieuses ne jouissaient plus de l'aura d'antan auprès du peuple qui aspirait, maintenant, à jouir de la vie et de ce qu'elle offrait de meilleur.

Cette recherche du bien- être a de tout temps caractérisé les Andalous, ce qui autorise l'historien Lévi-Provençal à écrire : « Le chant, la musique et la danse, dès le IX siècle, ont été considérés en Espagne et dans le reste du monde musulman comme le divertissement mondain le plus approprié. Il n'était pas de soirées ou de parties de plaisir, qui n'accordât la première place à l'un ou l'autre de ces arts »[3]
Plus proche de nous, le musicologue Mahmûd Guettât nous donne plus de détails en écrivant que « selon les chroniques et les recueils poétiques, les Andalous pratiquaient la danse, fortement prisée depuis le IXème siècle ; elle est présente dans le moindre foyer, dans les rues et sur les places publiques. La plupart des danseuses étaient aussi des chanteuses et des musiciennes, ce qui n'excluait pas l'existence de danseurs et de danseuses professionnels .
Il est aisé de constater la part active que prenait la femme dans toutes les festivités, dans les cortèges nuptiaux qui ,

précise encore Guettât : « avançaient lentement dans les rues et où les femmes conduisaient en musique la nouvelle mariée au domicile de son époux, que le public accueille en battant des mains » [4]

La place de la femme dans la société andalouse

Dans ce florilège, nous présenterons quelques poétesses en fonction de certains critères, telles la notoriété, l'originalité, le rôle de chacune dans la société, à cela s'ajoutent la variété et la valeur artistique de cette création poétique, si réduite soit-elle. Nous avons par ailleurs adjoint aux poétesses musulmanes, une poétesse juive, la seule que nous avons trouvée et pour compléter ce tableau, nous aurions aimé découvrir une poétesse chrétienne, afin de souligner, encore une fois, la diversité ethnique de cette société où tout le monde maîtrisait la langue arabe, en plus de la langue parlée par les différentes communautés ; à savoir l'hébreu, le berbère, le roman, l'arabe populaire c'est-à-dire le zadjal mis à l'honneur par le célèbre poète Ibn Quzmân.[5]

Il est aisé de remarquer que la langue arabe était la langue de l'unité culturelle, car elle était à ce moment-là, la plus développée et donc la plus apte à répondre aux besoins du savant, du philosophe ou du poète.

Nous nous sommes efforcés de donner une « biographie » de chaque poétesse en glanant les rares renseignements qui, d'ailleurs, se limitent à peu de choses, en dehors du nom du père, du lieu de naissance, de la date de mort parfois et de quelques événements plus ou moins importants qui ont jalonné la vie de certaines d'entre-elles.

Cette très brève biographie est suivie d'un choix d'extraits poétiques au nombre de vers, forcement limité, qui vont du dystique à cinq vers, six et très rarement à une dizaine. Une mention spéciale doit être faite d'une « muwashshaha », ou poème strophique, l'unique du genre, composée par une femme et qui a été publiée pour la première fois en 1960 par S .M. Stern dans la « madjalla islamiyya »à Oxford. Elle nous a été signalée par Madame Nasrine Rayati, la responsable de la bibliothèque de la section des études arabes, turques et islamiques au Collège de France, qu'elle soit remerciée pour cette précieuse contribution.

La traduction en français ne nous a pas posé trop de problèmes car c'est là une poésie bien différente de celle que avons l'habitude de traduire, aussi bien par le fond que par la forme ; pour nos poétesses il s'agissait d'exprimer leurs sentiments en toute simplicité, sans chercher à éblouir ou à faire étalage de leur virtuosité stylistique ; il est vrai que l'enjeu de la femme est différent de celui de l'homme.

Nous avons demandé à notre ami Pierre Liguori, chercheur et anthropologue, de nous relire et de nous faire part de ses observations toujours judicieuses, qu'il en soit vivement remercié.

Il ne nous reste plus qu'à espérer que le lecteur trouvera intérêt et plaisir à découvrir ce petit monde qui nous a légué une poésie savoureuse toute en nuance et pleine de fraîcheur.

WALLADA LA PRINCESSE DE CORDOUE, SA VIE, SON MILIEU, SA POESIE

Fille du Calife Al Mustakfî billâh, elle vit le jour à Cordoue en 1001. Sa mère, sur laquelle nous ne savons rien, serait une esclave perdue dans le harem du Calife qui comptait un grand nombre.
C'est après l'assassinat d'Al Murtadha en 1024 qu'il accéda au trône pour y régner une vingtaine de mois seulement. Ce fut une calamité qui s'était abattue sur Cordoue. Tous les historiens s'accordent à dire qu'il s'était distingué par ses mœurs dissolus, partageant son temps entre le vin et le sexe. Cette vie de débauche suscita la colère des Cordouans qui se sont débarrassés de lui en le faisant empoisonner par un de ses gardes en 1025.
Wallâda avait à ce moment-là 24 ans. C'était donc une femme accomplie qui avait reçu une formation digne de son rang. D'une intelligence vive, elle ne tarda pas à manifester ses talents dans le domaine littéraire et poétique mais aussi musicale, la poésie allant de pair avec la musique a fait que Wallâda s'initia aux instruments à corde et apprit à jouer du luth.

Son premier geste, après la mort de son père, a été de renoncer au port du voile, considéré comme une entrave à la liberté, or elle se voulait une femme libre parmi les siens, maîtresse de son destin. Il est à remarquer que ce geste audacieux n'est concevable que de la part d'une princesse, une aristocrate qui n'avait rien à redouter. Ibn Bassâm, son contemporain, ajoute que « c'était là le meilleur moyen de montrer ses qualités morales et physiques ».
Tout le monde, en effet, a pu à loisir apprécier sa beauté. Ce qui la distinguait, c'était sa « toison d'or », selon l'expression du poète Ibn Zaydûn dont nous aurons à parler, car les Andalous, comme nous l'apprend Ibn Hazm dans son

épître « le collier de la colombe », préféraient les blondes aux andalouses brunes qui constituaient la majorité. Il fallait à cette aristocratie blasée, pour réveiller ses sens, « changer de pâturage ».[6]
Wallâda avait en outre, une taille élancée, une peau blanche, une croupe prospère, une gorge généreuse, une bouche sensuelle, des yeux ensorceleurs ; bref elle avait tout pour plaire aux plus exigeants des hommes. Son biographe Ibn Khâqân dans ses « qalâ'id al'iqyân » observe avec malice « qu'elle a réduit, par ses charmes les hommes en servitude, comme elle a ravi les esprits et les cœurs au point de ramener les vieillards à devenir des jeunes hommes.» [8]

Cette jeune femme, aux qualités intellectuelles indéniables, au talent poétique reconnu, à l'art musical apprécié, recherchait sans cesse la compagnie des hommes de lettres, des savants, des poètes pour échanger avec-eux et passer des moments agréables et enrichissants, d'où l'idée qu'elle eut de faire de sa maison un salon littéraire, le premier du genre à Cordoue.
Ainsi, le beau monde convergea vers ce lieu de culture, assurant le succès d'un tel salon. Ibn Bassâm, pour parler de l'ambiance et de l'animation qui y régnaient, eut recours à cette belle image : « les hommes, écrit-il, se dirigeaient vers la lumière de son visage rayonnant ».[9]
De nature ardente et d'accès facile, sa compagnie était recherchée par les plus grands poètes de son temps qui rivalisaient d'ingéniosité pour se faire remarqués et avoir le privilège de jouir de la douceur de ses propos, d'apprécier ses réparties dont elle avait le secret, d'espérer enfin la séduire et avoir le bonheur d'être l'élu de son cœur.

Mais la tâche n'était pas facile, vu le nombre de prétendants parmi la fine fleur de Cordoue, elle pouvait aisément se jouer de l'un et de l'autre, jusqu'au jour où elle arrêta son choix sur un jeune homme du nom d'Ibn Zaydûn, un poète déjà célèbre, un bel homme dit-on, qui avait pourtant essuyé refus après refus sans jamais se décourager ;

son assiduité et sa constance ont fini par amener Wallâda à admettre que les choses étaient devenues sérieuses et que cet homme a trouvé le chemin de son cœur ; et c'est de lui qu'elle était désormais amoureuse, elle prit alors l'initiative de fixer le premier rendez-vous !

Ce fut le début d'une liaison passionnée, ardente, violente, exclusive dont furent témoins les jardins fleuris d'Az Zahrâ. Mais comme toute passion, elle connut une fin douloureuse pour les deux amants.
On peut se demander qu'elles ont été les raisons de cette rupture brutale ? Qui en a pris l'initiative ?
Il est établi que se fut Wallâda qui n'en voulait plus de cette liaison et se détourna résolument de celui qu'elle s'était choisi en toute liberté comme son premier et unique amant, le préférant aux nombreux autres prétendants dont le vizir et richissime Ibn Abdûs.
La première hypothèse serait la jalousie ! Wallâda n'aurait pas supporté d'avoir été trompée par son amant qui séduisit sa propre servante, une esclave noire, fut elle une artiste qui excellait dans l'art musical et qui ne laissait personne indifférent par sa voix douce, mélodieuse et sensuelle ; le jeune poète, en l'entendant chanter à maintes reprises, a fini par succomber à son irrésistible charme, causant ainsi sa perte.

Wallâda, blessée dans son amour propre, a adressé à Ibn Zaydun ce vers plein d'amertume :

♦ *Tu sait que je suis l'astre lunaire dans sa plénitude [10] ; et pourtant c'est jupiter [11] que tu as aimée pour mon malheur !*

Pourtant Wallâda n'ignorait pas que son amant avait une liaison d'une autre nature mais cette fois-ci, c'était avec un mignon du nom d'Ali et cela ne l'avait pas dérangée outre mesure, elle s'est même permise, nous révèle Chaqundi dans son épître [12], de le taquiner à ce sujet en employant des termes qui ne laissaient aucun doute quand à la nature de cette relation.

Mais Ibn Zaydûn, de son coté, n'ignorait pas que sa Wallâda tant aimée était, elle aussi, très éprise d'une certaine Muhdja qui était, dit-on, d'une extrême beauté et d'un charme envoûtant.

De telles relations ne constituaient pas une exception ; nous savons que « la société andalouse, dès le XIème siècle, n'avait rien à envier pour ses mœurs dissolues à la société baghdadienne à la même époque. L'Andalou, grand amateur des femmes, a rarement réfréné chez lui une tendance à l'homosexualité ; ce qui était attesté pour l'homme l'était aussi pour la femme [13]

La pédérastie passait pour une forme quasi-normale des rapports sexuels, de là on peut déduire que Wallâda en a voulu à son amant de l'avoir trompée avec une femme qui était de surcroît, sa propre servante, devenue désormais une rivale séduisante. C'est cette infidélité avec une femme qu'elle a ressentie comme une trahison impardonnable.

La deuxième hypothèse avancée par les historiens serait d'ordre politique. Les Banu-Djahwars avaient réussi à s'emparer du pouvoir à Cordoue. Ibn Zaydûn qui s'était rallié à eux, espérait être gratifié pour le rôle qu'il avait joué à leur côté, mais il a été tenu à l'écart et n'obtint rien. On peut penser que sa relation avec Wallâda n'arrangea pas ses affaires, les Djahwarides voyaient d'un mauvais œil le cercle littéraire de Wallâda, qui était fille d'un Calife umeyyad et qui pouvait donc oeuvrer, dans l'ombre, pour le retour au pouvoir des siens.

La rupture avec Ibn Zaydûn étant consommée, Wallâda, amèrement déçue, s'accorda un temps de réflexion en optant pour une vie dans une complète solitude ; mais cela ne pouvait être que provisoire ; la raison lui commandait, pour oublier, autant que faire se peut, celui qui bouleversa sa vie, de se choisir un compagnon et ce fut celui-la même qu'elle avait raillé jadis, à savoir le vizir Ibn Abdûs qui avait longtemps soupiré après elle en vain, celui-ci ne pouvait qu'être satisfait de ce retournement de situation en sa faveur. Wallâda, à défaut d'amour, avait la certitude de vivre dans l'aisance à l'ombre d'un personnage fortuné.

Ibn Zaydûn, toujours follement amoureux de Wallâda, s'est senti profondément humilié de se voir remplacé par un rival qui n'avait rien pour plaire à sa bien-aimée, si ce n'est sa richesse. Fou furieux de jalousie, il lui fallait éloigner d'elle cet indésirable, pour ce faire il lui adressa, au nom de Wallâda, une épître dite la « risala al hazliyya » où celle-ci se moquait de ce vizir sans envergure en dressant un portrait burlesque avec la volonté de le vexer, de lui faire perdre tout espoir et de l'amener à renoncer à ses lubies !

Wallâda, ayant pris connaissance du contenu de cette épître, était folle de rage à son tour et éprouva pour Ibn Zaydûn une haine à la mesure de sa passion de jadis ; il était pour elle, désormais, mort et enterré. Perdant tout contrôle, elle alla jusqu'à lui lancer à la figure des propos vulgaires voire obscènes !

Ibn Abdûs de son coté, étant révolté et plein de ressentiments, n'hésita pas à compromettre son rival en l'accusant ouvertement de comploter contre le pouvoir ! Le Prince régnant Abû – Hazm Ibn Djahwar qui se méfiait déjà d'Ibn Zaydûn a vite fait de croire que son trône était en danger et se hâta d'arrêter, sans remord, l'allié d'hier et de le jeter en prison.

Quelle dure épreuve pour un Ibn Zaydûn, cet homme fier, orgueilleux même, ambitieux, d'avoir tout perdu : son amante, son statut, ses biens, sa liberté, ses espérance ! Que pouvait-il faire maintenant pour s'en sortir ? Le seul moyen, pensa-il, était de tenter d'obtenir le pardon d'Abû Djahwar et pour ce faire, il eut recours à la poésie, mais après plusieurs poèmes laudatifs il ne parvint pas à fléchir le Prince tout puissant de Cordoue. Il n'avait alors plus d'autre issue que celle de s'évader. Ce fut grâce à la complicité d'amis sûrs qu'il parvint à sortir, mais pour vivre dans la clandestinité dans les environs de Cordoue, avec la crainte permanente d'être repris. Il ne recouvra sa liberté que grâce à l'intervention du propre fils du Maître de

Cordoue, Abû l Walîd, qui a été sensible au contenu de « la risala al djiddiyya », qu'il lui avait destinée et qui était, on s'en doute, diamétralement opposée à la précédente. Mais Ibn Zaydûn pouvait-il retrouver sa liberté de mouvement sans peur et sans crainte comme par le passé ? Rien n'était moins sûr !

Peu rassuré, il dut se résoudre à quitter, la mort dans l'âme, ses deux amours, à savoir Wallâda et Cordoue, sa ville natale à laquelle il était très attaché, pour aller se réfugier à Séville où régnait le Prince Al Mu'tadid, un homme avide de reconnaissance, qui l'accueillit avec tous les honneurs dûs à un poète aussi célèbre . Celui-ci , conscient de l'intérêt qu'il pouvait en tirer, eut vite fait de le nommer premier ministre et conseiller personnel. Mais Ibn Zaydûn, malgré cette promotion fulgurante, n'était pas un homme heureux, car pour lui, commençait une vie d'exil, éloigné, peut-être pour toujours, de sa bien-aimée qui habitait continûment son esprit et son cœur. Pour se consoler, il eut recours à la poésie, une poésie entièrement destinée à Wallâda et qui, inspirée par une passion inassouvie, était d'un lyrisme rare qui continue à émouvoir à ce jour et à être célébré comme un modèle dans tous les pays arabes, en particulier, son fameux poème appelé la « nuniyya » par référence à sa rime qui amena Ahmed Chawqi, le Prince des poètes égyptien, à composer une « nuniyya moderne » sur le même modèle.

Ibn Zaydûn, malgré ses prières, ses gémissements, ses larmes, ne parvint pas à fléchir Wallâda qui resta de marbre et l'ignora superbement comme s'il n'avait jamais existé ! Notre amant malheureux ne pouvait admettre la résolution de cette femme qui l'avait tant aimé et ne cessa d'espérer un retour en grâce, mais en attendant, il se contenterait d'un simple regard, d'un salut furtif de la main de loin ! Il n'obtiendra rien et il ne la reverra plus ; mais elle restera une source d'inspiration inépuisable Quant à Wallâda, amèrement déçue, elle décida de se retirer de la vie publique et mena le reste de ses jours dans une discrétion totale auprès du vizir Ibn Abdûs.

C'est en 1087 qu'elle meurt à l'âge de 85 ans.

Wallâda a été une figure emblématique sur la voie de la libération de la femme andalouse de son temps. Elle eut bien sûr, de nombreux détracteurs qui lui reprochèrent sa conduite non-conformiste qui bousculait l'ordre établi, elle pouvait, à leurs yeux, mettre en danger les privilèges des hommes qui se voulaient être seuls à occuper l'espace publique. Une femme libre était mal vue, il fallait donc réagir ; mais comment ? Rien de plus simple, s'agissant d'une femme, que de l'accuser de légèreté, de manquement aux principes de la morale et de tout ce qui portait atteinte à la vertue. Car, selon eux, la femme, pour être respectée, doit-être confinée dans l'espace privé qui lui est réservé. Or ces mêmes critiques reconnaissent, contraints et forcés, que cette femme était cultivée, poétesse au talent reconnu, artiste pour qui le luth n'avait aucun secret et qui n'ignorait pas les bonnes manières et le savoir vivre en cours en son temps qu'on appelait le « zarf »,que l'historien Maqqarî a relevé à maintes reprises dans son « Nafh at Tib » avec admiration. Il n'empêche que l'essentiel, selon-eux, était ailleurs à savoir son libertinage, son absence de pudeur qui frise la provocation ; et pour justifier cette accusation dévalorisante il fallait avancer des arguments, qui se réduisent d'ailleurs, à un seul dystique poétique qui sonne comme un aveu irréfutable, dystique qui fut cité à satiété et que chacun peut lire brodé sur sa tunique, le premier hémistiche sur un coté où elle déclare :

♦ *Je suis, et je le jure, plus apte à occuper les plus hautes fonctions et c'est avec fierté que je poursuis la voie que j'ai choisie !*

et le deuxième hémistiche sur l'autre coté :

♦ *A mon amant j'offre ma joue et à celui qui le désire, je donne un baiser !*

Cette affirmation d'une totale liberté et d'une complète indépendance était, dans la bouche d'une femme, intolérable et fut perçue par certains comme une invite qui continue à alimenter, à ce jour, bien des fantasmes.
Or Wallâda n'a rien inventé, elle n'a fait que reprendre à ses devancières une pratique qui consistait à se parer au henné en écrivant soit sur le front, soit sur les paumes des mains, soit sur les plantes des pieds des vers d'inspiration érotique. Ces poétesses voulaient par là, manifester leur coquetterie sans penser à mal. Nous devons ces informations à Al Washsha', l'auteur du livre al Muwashsha, qui cite plusieurs poétesses qui ont usé de cette pratique sans que personne n'eut à redire quoi que ce soit. Parmi elles, nous avons retenu, à titre d'exemple, la poétesse Dhuwayt, une des servantes de la célèbre Hamda, de Guadix dont nous aurons à parler, qui avait choisi d'écrire sur l'une des plantes de ses pieds ce vers :

♦ *Ô toi qui m'est plus cher que moi-même, sache que la passion que j'éprouve pour toi m'a complètement anéantie.*

Et sur l'autre :

♦ *Si Dieu me prescrivait de revenir auprès de toi, je ne romprais plus jamais jusqu'à la fin de ma vie .*

Voilà donc un argument mis à mal et qu'on ne peut plus évoquer pour attaquer Wallâda, qu'à cela ne tienne ! il fallait trouver d'autres arguments, car les idées reçues sont tenaces et se perpétuent en dépit de tout, et parmi ces arguments on eut recours à l'hérédité !
Si Wallâda a mené une vie dissolue il faut s'en prendre à son père, un débauché comme nous l'avons déjà dit, qui lui a transmis des gênes altérés et qui sont la cause de ses

déviances ; on n'hésita pas aussi à la comparer à l'écrivaine Georges Sand dont on ne connaissait pas le parcours. Faut-il préciser que cette célèbre femme était mariée ? Qu'elle eut de nombreux amants, dont certains parmi-eux nous sont connus ?

Il est clair que ce ne sont là que des affirmations désobligeantes qui ne se fondent sur rien, elles nous révèlent seulement cette volonté de perpétuer à travers l'histoire, l'image d'une femme libertine qu'il ne faut surtout pas imiter. A ce jour, l'évocation de son nom donne lieu à des sourires échangés entre hommes quelque peu misogynes.

Il serait plus judicieux de remarquer que Wallâda avait une devancière en la personne de Sukayna[14], une célèbre poétesse de Médine, la petite fille de l'Imam Ali, le 4° Calife, que Dieu soit satisfait de lui, qui avait ouvert un salon littéraire au premier siècle de l'hégire, salon que fréquentaient d'éminents poètes tels que Djarir[15] et Farazdaq [16], avec lesquels elle se livrait à l'étude de certains extraits poétiques de leur propre composition et se permettait de critiquer tel ou tel vers, de l'un ou de l'autre, tout en proposant une meilleure formulation qu'ils approuvaient volontiers.

A la différence de Wallâda, elle n'eut aucun amant mais en revanche elle convola en noces à quatre reprises. Consciente de sa beauté elle en était fière, elle la considérait comme un don de Dieu qu'il ne fallait pas dissimuler sous un voile mais qu'il fallait plutôt le mettre en valeur afin de ne priver personne du plaisir de l'admirer.

Que Wallâda ait eu des détracteurs cela ne nous surprend guère, mais qu'elle ait eu des défenseurs, cela est plutôt inattendu. Or, il s'est trouvé des personnalités aux noms prestigieux qui ont pris son parti, nous voulons parler d'Ibn Bassâm, son contemporain, et de Maqqârî quelques siècles plus tard.

L'un et l'autre ont observé que Wallâda a été victime de sa coquetterie et de son indépendance et qu'elle ne méritait certainement pas d'avoir été traitée comme elle le fut par des esprits aigris et malveillants. Quoiqu'on ait dit c'était une femme « afifa », c'est-à-dire le contraire d'une débauchée. Cette appréciation émanant des deux autorités mentionnées, ne peut être, en aucun cas contestée. Le problème se situe donc au niveau du sens du vocable ; qu'est-ce donc que le « 'afaf » ? la définition nous est donnée par Al Washsha, l'auteur déjà mentionné, qui traita du « zarf »c'est-à-dire du raffinement et du savoir vivre ; ce qui suppose l'instruction, l'éducation, les bonnes manières, le respect d'autrui et à partir de là, il en vient à écrire, à propos du « 'afaf », qu'il y a, parmi les Arabes, des hommes qui pouvaient aimer une personne jusqu'à la fin de leur vie sans chercher à être immoraux, sans s'adonner à la débauche, leur seul désir était de voir l'aimée en n'espérant rien d'autre que sa présence à leur coté afin d'échanger avec elle de doux propos et de déclamer de la poésie (p .116). Pour illustrer ses propos, notre auteur cite trois vers du poète Al Farazdaq :

♦ *Il m'est apparu que l'amour n'avait pour remède qu'une entrevue qui mettrait un terme aux souffrances de la soif qui brule les entrailles.*

♦ *J'aime chez les femmes -et elles sont nombreuses-la brièveté du propos et la langueur des yeux*

♦ *Elles refusent sans insolence, mais elles accordent généreusement tout ce qu' elles ont de licite .*

Nous pensons, pour notre part, que Wallâda a aimé Ibn Zaydûn avec passion, un amour d'ailleurs partagé. Qu'ils aient été amants cela nous parait indéniable, elle-même nous le laisse entendre, mais il faudrait préciser qu'elle n'a aimé qu'un seul homme, à l'exclusion de tous ceux qui souhaitaient la séduire et ils étaient légions. Aucune source ne mentionne une quelconque aventure avec un autre. Cet autre, n'entrera dans sa vie qu'après avoir été trahie et humiliée par celui-là même qu'elle aima de toute son âme. Par ailleurs tous ses biographes s'accordent à dire que le choix du vizir Ibn Abdûs était dicté par la raison et non par le cœur ; nous pouvons dire que Wallâ da a vécu en couple avec Ibn Zaydûn durant la première partie de sa vie puis en couple avec Ibn Abdûs jusqu'à la fin de ses jours, n'est-ce pas là, pour employer une terminologie moderne, un choix de vivre maritalement avec l'un puis avec l'autre ; à Wallâda il a manqué à cette époque un acte de mariage, établi en bonne et due forme, ce qui lui aurait permis d'éviter critiques et sarcasmes !

Vu sous cet angle nous pouvons dire qu'Ibn Bassâm ainsi que Maqqarî ont été équitables et que leur jugement est fondé, il reflète donc la réalité ; ces deux grands esprits ont eu le mérite de réhabiliter, à nos yeux, cette grande figure de l'Andalousie que fut Wallâda !

SA PRODUCTION POETIQUE

Tous les biographes s'accordent à dire que Wallâda a été une poétesse de talent qui maîtrisait la langue, les sciences de la rhétorique et de l'art du bien dire « le bayane » et d'ajouter qu'elle n'avait rien à envier aux poètes hommes de son temps même parmi les plus en vue. Nous ne lui connaissons cependant aucun recueil poétique. Les historiens de la littérature andalouse ainsi que les auteurs d'antologies se sont contentés de nous transmettre un nombre très limité de brefs extraits : deux à quatre vers voire parfois un seul vers en relation le plus souvent avec Ibn Zaydun et qui témoignent de sa grande sensibilité et de la sincérité de ses sentiments.

Mais après la trahison de son amant, elle s'était sentie bafouée, humiliée au point d'en venir à le haïr et c'est avec la rage au cœur qu'elle voulait l'humilier à son tour ; pour ce faire, elle lui adressa quelques vers qui se caractérisent par un style incisif, haletant, un vocabulaire grossier, injurieux, parfois indécent ;.cette absence de toute retenue était à la mesure de sa rancoeur qui était immense.

Il est à remarquer que si Maqqarî nous a transmis ces quelques vers, Ibn Bassam, en revanche, s'est abstenu de le faire, ne voyant là sans doute que des écarts de langage regrettables qui peuvent s'expliquer par une absence de contrôle de soi momentanée et ne reflétant en rien sa vraie nature, celle d'une aristocrate cultivée, raffinée, bien éduquée.

Voici maintenant la traduction d'extraits poétiques que nous avons choisis pour permettre aux lecteurs de se faire une opinion personnelle sur cette poétesse qui a été malmenée sans relâche avec la volonté de la faire tomber dans l'oubli pour toujours !

EXTRAITS POETIQUES

LE PREMIER RENDEZ-VOUS

♦ *Guette ma visite à la tombée de la nuit car, selon moi, l'obscurité est propice à garder le secret*

♦ *Ce que j'éprouve pour toi, si la pleine lune l'éprouvait, elle n'apparaîtrait plus, si c'est la nuit qui l'éprouvait, elle ne surviendrait plus, si c'est les étoiles qui l'éprouvaient, elles cesseraient d'évoluer dans les cieux.*

الميعاد الأول

تَرَقَّبْ إِذَا جَنَّ الظَّلاَمُ زِيَارَتِي فَإِنِّي رَأَيْتُ اللَّيْلَ أَكْتَمُ لِلسِّر
وَبِيَ مِنْكَ مَا لَوْ كَانَ بِالبَدْرِ مَا بَدَا وَبِاللَّيْلِ مَا أَدْهَى وَبالنَّجْمِ لَمْ يَسْر

LA RUPTURE

♦ *Si tu avais fait preuve d'équité à l'égard de notre amour, tu n'aurais pas aimé ma servante, la préférant ainsi à moi-même*

♦ *Tu as délaissé une belle branche chargée de fruits mûrs pour aller vers une autre qui en était dépourvue.*

♦ *Tu savait pourtant que c'est moi la pleine lune du firmament [1],mais tu as préféré, pour mon malheur, aimer Jupiter [2]*

هجر ولادة لابن زيدون

كُنْتَ تُنْصِفُ فِي الْهَوَى مَا بَيْنَنَا   لَمْ تَهْوَ جَارِيَتِي وَلَمْ تَتَخَيَّرِ
تَرَكْتَ غُصْنًا مُثْمِرًا بِجَمَالِهِ   وَجَنَحْتَ لِلْغُصْنِ الَّذِي لَمْ يُثْمِرِ
لَقَدْ عَلِمْتَ بِأَنَّنِي بَدْرُ السَّمَاءِ   لَكِنْ وُلِعْتَ لِشَقْوَتِي بِالْمُشْتَرِي.

REGRETS

♦ *Avons-nous, après cette séparation, un moyen qui permettrait à chacun de nous de se plaindre de ce qu'il a subi.*

♦ *Lorsqu'en hiver nous nous rendions visite, les braises du désir me brûlaient la nuit durant*

♦ *Comment se fait-il que j'en sois venue à être séparée de lui, c'est bien le Destin qui précipita ce que je voulais éviter*

♦ *Les nuits passent sans que je vois l'éloignement prendre fin, sans que je vois la patience m'affranchir de la servitude du désir*

♦ *Que Dieu arrose une terre devenue désormais ta demeure, en déversant une pluie abondante et ininterrompue.*

ندامة

أَلا هلْ لَنا مِنْ بعْدَ هَذا التَّفَرُّق سَبيلٌ فَيَشْكُو كُلُّ حِبٍّ بِمَا لَقِي
وقَدْ كُنْتَ أوْقاتَ التَّزاوُرِ فِي الشِّتا أبيتُ على جَمْرٍ من الشَّوق مُحْرقِ
فَكَيْف وقد أمْسَيْتُ فِي حالِ قَطْعهِ لقد عجَّل المَقْدورُ ما كُنْتُ اتَّقَي
تَمُرُّ اللّيالي لا أرَى البَيْنَ يَنقَضِي ولا الصّبرَ مِنْ رِقِّ التّشَوّقِ مُعْتقِي
سَقَى اللّهُ أرضًا قد غَدَتْ لك منزِلاً بِكُلِّ سُكوبٍ هاطِلِ الوِيْلِ مُغْدقِ

LES ADIEUX

♦ *Une amoureuse a perdu patience et te fit ses adieux pour avoir ébruité un secret, à toi, confié*

♦ *Elle regrette de n'être pas restée à tes cotés plus longtemps, maintenant qu'elle te reconduit pour te faire ses adieux*

♦ *Ô toi le jumeau de la pleine lune par l'élévation et l'éclat, que Dieu préserve l'instant qui te vit naître*

♦ *Si après ton départ, mes nuits sont devenues longues que de fois ne me suis-je plainte de leur brièveté en ta compagnie*

وداع ولادة

وَدَّعَ الصَّبْرَ مُحبّ وَدَّعَكْ   ذَائعٍ مِنْ سِرِّه مَا اسْتَوْدَعَكْ
يَقْرَعُ السِّنَّ عَلَى أنْ لَمْ يَكُنْ   زَادَ فِي تِلْكَ الخُطَى إذْ شَيَّعَكْ
يَا أخَا البَدْرِ سَناءً وسَنَا   حَفظ اللَّهُ زمانًا أطْلَعَكْ
إنْ يَطلْ بَعْدَكَ لِيْلي فَلَكَمْ   بِتُّ أشْكُو قِصَرَ اللّيالي مَعَكْ

MISE EN GARDE A L'ADRESSE DE SES DETRACTEURS

- *Si les hommes admirent ma beauté, qu'ils sachent que je suis telles ces antilopes de la Mekke dont la chasse est illicite*

- *La douceur de leurs propos les faisait prendre pour des filles de joie, mais l'Islam les avait éloignées d'une telle débauche .*

وقالت محذرة الراغبين فيها

إنِّي وَإنْ نَظرَ الأنامُ لِبَهْجَتِي كَظِباءِ مَكَّةَ صَيدُهُنَّ حَرامُ

يُحْسَبنَّ مِن لينِ الكلامِ زَوانيا وَيَصُدُّهُنّ عَنِ الخَنَى الإسْلامُ.

NAZHUN AL QAL'IYYA
SA VIE SON MILIEU SA POESIE

Les sources où le nom de Nazhûn est mentionné sont assez nombreuses, nous y retrouvons les mêmes éléments biographiques qui se réduisent, après examen, à peu de choses et ne nous permettent pas de faire le portrait de cette future poétesse.
Si nous savons qu'elle naquit à Grenade, nous ignorons en revanche sa date da naissance. Elle aurait vécu, dit-on, entre la fin du XI° siècle et le début du XII° , c'est-à-dire à la fin de la dynastie Almoravide et au début de celle des Almohades. Son père, Abû Bakr Muhammad Ibn Khalaf Al Ghassânî était cadi de Grenade, connu sous l'ethnique Al Qulay'î, ce qui a valu à Nazhûn d'être appelée Al Qulay'iyya.

Cette aristocrate reçut, à l'instar de ses émules, une solide formation littéraire. Son goût pour la poésie l'amena à cultiver cet art avec bonheur. Tous les critiques de l'histoire de la littérature andalouse ont souligné son talent, sa capacité d'improvisation en toutes circonstances qui lui permettait de réduire au silence quiconque voulait rivaliser avec elle.
Malgré les nombreux jugements de valeur très flatteurs émis par nos auteurs d'anthologies, les extraits poétiques qui nous sont parvenus se limitent à quelques vers qui nous révèlent cependant une femme d'une vaste culture, mais aussi, une femme de caractère qui savait très bien se défendre quand on l'agressait, sa liberté de parole, bien connue, l'amenait à tenir des propos satiriques acerbes, à lancer des invectives surprenantes dans la bouche d'une femme aristocrate ; elle nous fait penser aux grands poètes qui ont excellé dans ce genre.

Deux anecdotes rapportées par l'historien Maqqarî nous révèlent deux aspects de cette femme peu ordinaire : la première illustre la femme savante, la seconde la femme libertine.

Nous pouvons ainsi lire en substance, sous la plume de notre historien qui cite Ibn-Sa'îd, qu'Ibn Quzmân [20] en arrivant à Grenade rencontra Nazhûn dans sa résidence assise à l'extérieur du village Az Zâwiya ; parmi les propos échangés il est à relever cette intéressante improvisation de Nazhûn lorsqu'elle vit son hôte coiffé d'une calotte jaune à l'instar des juristes de son temps :

♦ *Tu es bien ainsi ô vache des fils d'Israël [21], bravo ! mais tu ne réjouis nullement ceux qui te voient.*

Et lui d'improviser à son tour pour répondre à cette apostrophe désobligeante :

♦ *Mon rôle est de réjouir ceux qui m'écoutent, c'est à toi d'être plaisante aux yeux de ceux qui te regardent ! Espèce de dévergondée !*

On voit bien, à travers cette anecdote, pourquoi un Ibn Quzmân, le plus célèbre zadjdjâl [22] de tous les temps, avait plaisir à retrouver cette Nazhûn avec laquelle il ne pouvait s'ennuyer tant elle faisait preuve de légèreté, de gaîté, d'esprit, de familiarité, sans tomber cependant dans le graveleux, ce qui ne veut pas dire qu'elle en était incapable comme nous allons le voir dans la seconde anecdote.
Nazhûn, poursuit notre historien, s'était rendue un jour chez Abû Bakr Ibn Sa'îd, le chef de l'administration de Grenade à l'époque des almoravides, alors qu'il était en compagnie du poète Abû Bakr Al Makhzûmî l'aveugle surnommé le Bashshâr [23] d'Al Andalus, pour être passé maître dans la satire la plus virulente. Personne ne pouvait échapper à ses invectives, y compris une grande Dame telle que Nazhûn. Celle-ci, s'adressant à son ami, lui dit en faisant allusion à Abû Bakr dans le but évident de provoquer ce dernier :Ô Maître, tu as connu depuis toujours une vie opulente avec ses parfums, ses liqueurs, ses chants qui rappellent le Paradis, tu as évoqué ce qui ne peut-être apprécié que par

l'écoute, ce qui ne peut être connu que par la vue, mais quelqu'un qui vient du hisn Al Mudawwar [24], qui a grandi parmi les boucs et les bovins, comment peut-il connaître le bien-être des réunions conviviales.

Lorsqu'elle eut fini de parler, Al Makhzûmî, pour répondre à ces propos insolents , commença par s'éclaircir la voix
- Puisses-tu suffoquer ! lui lança -t-elle
- Qui est cette traînée ? Demanda-t-il à son hôte .
- Une vieille de l'âge de ta mère, lui rétorqua-t-elle.
-Tu mens ! Ce n'est pas là la voix d'une vieille c'est plutôt celle d'une roulure excitée, repérable à distance.
- Ô Maître ! L'interrompit Abû Bakr leur hôte, c'est Nazhûn bint Al Qula'î , la poétesse et femme de lettres.
- J'ai entendu parler d'elle, répondit-il, que Dieu la prive de tout bienfait et ne lui donne à voir qu'un membre viril !
- Ö vieux de malheur ! lui répondit-elle, mais tu te contredis, dis-moi je t'en prie,
- Qu'est-ce qu'il y a de meilleur à voir pour une femme que ce que tu viens de dire ?
Après quelques autres invectives, Abû Bakr dut intervenir pour arrêter ces échanges satiriques et réconcilier ses deux visiteurs. [25]

Telle était Nazhûn aux multiples facettes qui a osé agresser ce poète satirique redouté par tout le monde faisant preuve d'une grande audace et justifiant par la- même sa réputation de femme qui ne s'en laissait pas compter et qui n'avait rien à craindre d'un Makhzûmî ; elle sut exploiter habilement ses faiblesses et parvenir à le déstabiliser ne lui laissant que le recours à l'injure, à la vulgarité, à l'obscénité, et n'eût été l'intervention d'Abu Bakr, elle aurait pu lui tenir tête longtemps encore et peut-être le réduire au silence ! Ce qui aurait été perçu comme un exploit.

SA PRODUCTION POETIQUE

Quelques extraits, soit une quinzaine de vers, nous sont parvenus ; ils s'apparentent pour la plupart, au genre satirique et ont été toujours improvisés dans des circonstances bien définies. Ils témoignent de la virtuosité de notre poétesse, ce qui leur donne une certaine saveur.

Mais ce qui retient l'attention c'est sa « muwashshaha», un spécimen unique de la production
poétique féminine, ce poème strophique que nous avons déjà mentionné.
L'examen de cette « muwshshaha », nous révèle une poétesse qui n'avait rien à envier aux célèbres poètes qui ont excellé dans ce genre de poésie. Al Ahwânî, dans son étude sur « AlMuwshshahats al andalusiyya », a apprécié ce poème et l'a trouvé d'une belle facture ; certaines strophes, a-t-il observé, étaient des réussites stylistiques pleines de vie et de finesse (p.134)
Il va de soi que cette unique « muwshshaha », de Nazhûn soit intégralement traduite à coté de quelques extraits qui nous ont paru refléter l'originalité de cette femme, pas tout à fait comme les autres.

EN REPONSE A SON AMANT

♦ *Ö Abû Bakr ! tu occupes une place interdite à tout autre que toi ; qui donc, si ce n'est l'amant, peut-il s'emparer de mon cœur ?*

♦ *Si je compte tant d'amoureux, sache que les partisans de la vérité, accordent la priorité à l'amour pour Abû Bakr* [26]

وقالت لحبيبها بعد ما لامها على إهمالها إياه

حَلَلْتَ أبا بَكرٍ مَحَلّاً مَنَعْتُهُ   سِواكَ وَهَلْ غَيْرُ الحَبيبِ له صَدْرِي
وإنْ كانَ لِي كَمْ من مُحِبٍّ فإنّما   يُقدِّمُ أهلُ الحَقِّ حُبَّ أبي بَكرِ

A UN PRETENDANT FORT LAID, VENU DEMANDER SA MAIN

♦ *Préservez-moi d'un sot à la tête chauve, d'un agité qui a manqué sa cible*

♦ *Il désirait ardemment m'épouser en me donnant à voir ce qui n'aurait pas mérité, s'il l'avait demandé, d'être giflé*

♦ *Une tête qui avait besoin d'être cautérisée[27] ; un visage qui avait besoin d' être dérobé au regard par un voile*

ولها في قبيح الصورة عرض لخطبتها

غَدِيرِي مِنْ أتوكٍ أَصْلَعِ   سَفيهِ الإشارة والمَنْزَعِ
يرومُ الوِصالَ بِمَا لوْ أَتَى   يَرُومُ بِهِ الصَّفْعَ لم يُصْفَعِ
بِرَأسٍ فَقيرٍ إلى كَيَّةٍ   ووجْهٍ فَقيرٍ إلى بَرْقَعِ

EN SOUVENIR D'UNE NUIT UN CERTAIN DIMANCHE

♦ *Quelle source de bonheur sont les nuits mon Dieu ! en particulier celle du dimanche ; un délice !*

♦ *Si tu avais été en notre compagnie, au moment où l'espion regardait ailleurs,*

♦ *Tu aurais vu le soleil du matin entre les bras d'une lune ou plutôt la gazelle de Khazima entre les bras d'un lion*

قالت في ذكرى ليلة الأحد

لِلّهِ دَرُّ الليالي ما أُحَيْسَنَها
وما أُحَيْسَنَ منها ليلةَ الأحدِ
لوْ كنت حاضرا فينا وقد غَفَلتْ
عَينُ الرَّقيبِ فَلَم تَنْظر إلى أحدِ
أبصَرْت شَمْسَ الضُّحى في ساعديْ قَمَرٍ
بَلْ ريمَ خازِمةٍ فِي سَاعِدَيْ أسدِ

A ABU BAKR AL MAKHZOUMI L'AVEUGLE

♦ *Transmets au méprisable un propos qu'on méditera jusqu'au jour de son jugement dernier,*

♦ *Tu as été élevé à Al Mudawwar dont les odeurs sont pires que celles des selles*

♦ *J'ai répondu à une satire par une autre satire, dis-moi, je t'adjure, qui a le plus de talent*

♦ *Si par ma nature, je suis une femelle, ma poésie est, quant à elle, un mâle*

عودة إلى أبي بكر المخزومي
الشاعر الأعمى الهجاء

قُلْ لِلْوضِيع مَقالا يُتْلَى إلى حِين يُحْشَر
مِن المدوّر أنْشـِ ئت والخرا مِنْهُ أعْطر
جاوبت هَجْوا بِهَجْوٍ فَقُل لعَمْري من أشْعَر
إنْ كُنْت في الْخَلْقِ أنْثَى فإنَّ شِعْري مُذكّر.

L'UNIQUE MUWASHSHASHA

♦ *Je le jure sur la vie de mon père que celui qui m'a anéanti a des yeux noirs*

♦ *Que ne m'a-t-il donné à boire le jour du départ malheur à celui qu'il aura séduit*

♦ *Chaque fois que je désire, par amour, me soumettre il me traite avec dédain et s'enfle d'orgueil*

♦ *Ah ! quel admirable faon qui fit de moi l'otage des chagrins*

♦ *Et n'a point laissé son pareil parmi les houris*[28] *De Radwân* [29]

♦ *Il est passé près de moi au milieu d'une assemblée de ses femmes en cueillant des fleurs Et en récitant un verset de sa litanie avec l'espoir d'obtenir une récompense*

♦ *Après m'avoir fait me rappeler à propos de mon amour un autre verset*

♦ *Celui qui, s'il l'avait voulu, n'aurait pas pensé à moi après l'oubli*

♦ *Il retourna le cœur sur les braises ardentes et là il était à son affaire*

♦ *Que Dieu préserve un amant épuisé par crainte d'être abandonné*

♦ *La bonne nouvelle m'annonçant sa venue m'est parvenue et a réjoui mon cœur*

♦ *Que de joies se sont envolées dans les airs puis je ne sais*

♦ *Si cette bonne nouvelle m'a été transmise par un être humain ou par un démon*

♦ *Pour ma part j'ai vu un éclair briller lorsqu'il m'a salué*

♦ *Je me suis dis, lorsque son image m'est apparue en songe, c'est un faon de l'espèce humaine*

♦ *Bienvenue à ce visiteur aux douces qualités qui fait rougir le soleil*

♦ *Au nom de celui qui l'a façonné, avec l'eau de la beauté pour être unique de son espèce*

♦ *Mon corps n'a pas été amaigri et n'a pas été altéré par la crainte d'être abandonnée*

♦ *Mais ce qui m'a rendu malade et a altéré mon corps c'est son regard envoûtant*

♦ *Une belle jeune fille au corps flexible n'a cessé de lui manifester l'ardente passion lorsqu'elle s'est mise à chanter*

♦ *Si un autre que lui recherchait, d'elle, obtenir sa part elle n'hésiterait pas à la lui refuser*

♦ *Il l'aime quant à lui passionnément et manifeste sa fierté c'est pour cette raison qu'elle a chanté*

♦ *Il me désire lorsqu'il ne me voit pas il me désire*

♦ *Et lorsqu'il me voit il se détourne de moi et s'en va comme s'il ne m'avait pas vue*

قلت لمّا زارني طَيْفُ الخَيال　　من رَشا الإنسِ
مرْحَبًا بالزّائرِ الحُلْوِ الخِلال　　مُخْجِل الشّمسِ
والّذي سَوَّاهُ من ماءِ الجمال　　واحِدَ الجِنْسِ

ما بَرا جِسْمي ولا غيّرني　　خَوْفُ هِجرانِ
إنّما غيَّرَ جِسْمِيَ مَرَضًا　　لَحْظُهُ الرّانِي

لَمْ تَزَلْ تُظهِرُ فيه الكَلَفَا　　عندما غَنَّتْ
غادَةٌ لوْ رامَ منها النّصَفا　　غَيرُه ضَنَّتْ
فهْوَ يهواها ويُبْدي الصّلَفا　　فَلِذا غنّتْ

يَتَمنّاني إذا لم يَرَني　　يَتمنّاني
فإذا راني تولّى مُعْرِضًا　　كِنُّ ما رانِي

موشحة نزهون بنت الوزير القليعي

بِأبي مَنْ هَدّ مِنْ جِسْمِي القُوَى　　طرْفُهُ الأحْوَرْ
وسَقاني ما سَقى يومَ النّوَى　　ويْحَ مَنْ غرّرْ
كُلّما رُمْتُ خُضُوعا في الهَوَى　　تاهَ واسْتَكْبَرْ

يالهُ من شادنٍ صَيَّرَني رَهْنَ أشْجانِ
لم يَدَعْ في الحُورِ مِنْهُ عِوَضًا عِنْد رِضْوانِ

مَرَّ بي فِي رَبْرَبٍ مِنْ سِرْبِهِ　　يقطِفُ الزّهَرَا
وهْوَ يَتْلُو آيَةً مِنْ حِزْبِهِ　　يَبْتَغِي الأجْرَا
بَعدَما ذَكَّرَني مِنْ حُبِّهِ　　آيَةً أُخْرَا

والّذي لَوْ شاء مَا ذَكَّرَنِي　　بعْدَ نِسْيانِ
قَلَّبَ القَلْبَ على جَمْرِ الغَضَا　　فَهْوَ في شانِ
حَفِظَ اللّهُ حَبِيبًا نَزَحا　　خَشْيَةَ الهَجْرِ
جاءَتْ البُشْرى فانْشَرَحا　　عندها صَدْري
واسْتَطارَ القلبُ مِنّي فَرَحا　　ثُمَّ لا أدري

أمِنْ الإنْس الذي بَشّرني　　أمْ مِنَ الجان
غير أنّيَ شِمْتُ بَرْقا أوْمَضا　　حِينَ حَيَّانِي

HAFSA BINT AL HADJ Ar RAKUNIYYA SA VIE, SON MILIEU, SA POESIE

Ce fut en 1154 que les Almohades annexèrent l'Andalousie au Maghreb mettant ainsi fin à la dynastie des Almoravides. Le Calife 'Abd al Mou'mine pouvait être fier d'avoir réalisé l'unité du grand Maghreb pour la première fois de son histoire. Mais si les armes lui ont été favorables pour soumettre cette Andalousie tant convoitée par tous, musulmans et chrétiens réunis, ce valeureux Calife n'a pas réussi à gagner les cœurs des Andalous. Ces derniers ont toujours considéré ces nouveaux conquérants comme des étrangers, et qu'il fallait tôt ou tard, bouter hors de leur pays. De ce fait, la paix ne fut jamais tout-à-fait au rendez-vous, surtout au Levanté, où le général Ibn Mardanish, dont nous aurons à parler, régnait en maître à Valence.

Nous savons que Hafsa, la future poétesse, naquit à Grenade vers 1136 à un moment où la dynastie almoravide vivait ses dernières années. Si son père, nous dit-on, était berbère, sa mère reste une inconnue ; était-elle une épouse légitime ? une concubine ? Toujours est-il que sa famille semble avoir connu une certaine aisance, ce qui nous laisse penser que la jeune Hafsa reçut une formation littéraire et poétique due à son rang.
A l'arrivée des almohades, elle avait donc 18 ans. Toutes les sources biographiques que nous avons consultées mettent en valeur sa beauté, la vivacité de son esprit, son commerce agréable, ses réparties bienvenues, son franc-parler et par-dessus tout un talent poétique indéniable.
Il n'est pas étonnant qu'une jeune fille dotée de tant de qualités ait été courtisée assidûment par la fine fleur de Grenade. De tous ses admirateurs, elle s'était laissée séduire par Abû Dja'far Ibn Sa'îd [30] qu'elle connaissait depuis sa tendre enfance puisqu'ils avaient grandi ensemble, précise l'historien Ibn Al Khatîb dans son livre
« al ihata fi akhbâr Gharnâta »[31] ; on peut penser qu'ils avaient sensiblement le même âge.

Mais qui était cet Abû Dja'far, cet élu du cœur ? Il

appartenait, nous dit-on, à la famille des Ibn Sa'îd qui avait émigré très tôt en Andalousie et qui, à l'époque des Reyès des Tayfas, s'était appropriée une principauté à la « qal'a »des Banû Yahsûb dans les environs de Grenade. Mais après la conquête des Almohades, elle dut se mettre au service de ces derniers[32] et fut même reçue par le Calife Abd Al Mou'mine à Gibraltar où il séjournait. Abû Dja'far, encore tout jeune, eut cet insigne privilège d'être présent ce jour là parmi les membres de la délégation. L'occasion était propice pour composer un poème laudatif à la gloire de l'illustre hôte, ce que fit Abû Dja'far avec aisance ; l'émir des croyants apprécia le talent poétique de ce poète en herbe, ce qui laissait présager une belle carrière, surtout lorsqu'on sait que la poésie était la voie royale pour atteindre les sommets

C'était, dit-on, un bel homme, intelligent, cultivé, raffiné et déjà un poète apprécié. C'étaient là, on s'en doute, des qualités qui ne pouvaient laisser la jeune Hafsa insensible. Elle ne tarda pas à s'éprendre de cet homme qui répondait à ses attentes. Ce sera alors le début d'une idylle qui nous rappelle par certains aspects celle du poète Ibn Zaydûn et de l'emblématique Wallâda, la princesse de Cordoue. Mais cette idylle sera très tôt contrariée par des facteurs indépendants de la volonté des deux amants.

En 1155, le Calife Abd Al Mou'mine nomma son fils Abû Sa'îd 'Uthmân , gouverneur de Grenade. Après son installation il rechercha un secrétaire compétent, cultivé, loyal, en qui il pouvait avoir toute confiance pour gérer l'administration de son gouvernorat. On lui désigna Abû Dja'far Ibn Sa'îd, cet amant de fraîche date de Hafsa. Celui-ci commença par refuser ; mais le maître de Grenade a dû insister pour l'amener à accepter ce poste.

Dans un premier temps les relations entre les deux hommes furent, selon l'historien Maqqarî, excellentes. Mais l'entourage immédiat du gouverneur voyait cette nomination d'un mauvais œil et considérait cet Abû Dja'far comme un intrus qui n'avait rien à voir avec la famille almohade ;

il fallait donc tout faire pour éloigner cet usurpateur et le remplacer par un des leurs.

De tout temps, la calomnie, le dénigrement, la délation ont été les armes favorites des jaloux, des envieux et des aigris. Mais, malheureusement pour ces derniers, Abû Sa'id avait confiance en son secrétaire et n'écouta que d'une oreille distraite tout ce qui lui était rapporté par les uns et les autres jusqu'au moment où il apprit que cet Abû Dja'far qu'il défendait tant l'avait critiqué et mis directement en cause comme nous le rapporte Maqqarî [33] : c'était après une partie de chasse, écrit ce dernier, qu'Abû Dja'far, ayant bien mangé et surtout bien bu , improvisa un poème où il se laissa aller jusqu'à tenir, dans les deux derniers vers, des propos à l'adresse du gouverneur qui lui furent fatals :,
-Dis à un homme avide qui m'a attaché à son ministère qu'il lui est impossible de mettre un faucon en cage ,
-Je ne l'ai été que parce que je l'ai voulu, te viendrait-il à l'esprit que je consente à me soumettre à quelqu'un alors que ma gloire était à son zénith ?

Parmi ses accompagnateurs, il s'en trouvaient quelques-uns qui s'empressèrent de rapporter ces deux vers au gouverneur provoquant ainsi son courroux. Le but recherché était atteint, puisque Abû Dja'far fut révoqué promptement et sans ménagement.
Si les choses s'étaient arrêtées là, cela aurait été un moindre mal et Abû Dja'far n'aurait pas été affecté outre mesure, car souvenons-nous qu'il avait au départ refusé la proposition que lui avait faite ce gouverneur qui s'était avéré irascible et autoritaire. Mais il y avait la belle Hafsa qui, pour le malheur d'Abû Dja'far, avait été remarquée par le maître de Grenade qui brûlait du désir de la séduire. Pour ce faire, il l'invitait régulièrement , en sa qualité de poétesse de talent, à la cour où elle se retrouvait en compagnie des grands poètes de l'époque tels Al Kutandî ou encore Ar Rusâfî ,et se montrait très généreux à son égard. Hafsa n'était pas dupe et comprit très bien où il voulait en venir, mais que pouvait-

elle faire contre un Sayyid tout puissant qui avait droit de vie ou de mort sur ses sujets ? Elle continua à fréquenter la cour, composa des extraits poétiques où elle faisait l'éloge du fils de l'illustre Calife sans jamais exprimer le moindre sentiment d'amour que le Sayyid attendait. Cette attente ne pouvait durer indéfiniment, il se montra donc de plus en plus pressant, amenant ainsi Hafsa à lui céder malgré elle sans pour cela renoncer à Abû Dja'far, l'amant de son cœur.

Le Sayyid, pour plaire à sa nouvelle conquête, la désigna parmi les notables qui devaient se rendre à Salé, au Maghreb, où résidait le Calife, pour lui rendre compte de la situation qui prévalait en Andalousie. C'est ainsi que Hafsa eut le privilège d'être reçue par l'Emir des croyants en personne. C'était-là une belle occasion pour improviser un dystique à la gloire du Calife, et pour lui demander, non sans audace, de quoi la mettre à l'abri du besoin jusqu'à la fin de ses jours ; impressionné par sa beauté et par son talent, il accéda à son vœu et lui attribua un domaine dans les environs de Grenade appelé « rakûna » ce qui lui valut d'être connue sous le nom de Hafsa Ar Rakûniyya.

De retour à Grenade, elle vécut partagée entre deux hommes très épris d'elle. Cette situation inédite n'était pas sans danger. Si cela venait à se savoir, l'issue serait dramatique pour l'un ou pour l'autre, ce qui ne manqua pas d'arriver. Abû Dja'far était dévoré de jalousie en voyant son amie s'attarder à la cour en compagnie de son rival Celui-ci ne l'était pas moins en apprenant qu'elle n'avait pas rompu ses relations avec son premier amant qu'elle aimait toujours. Il se rendait compte qu'il n'avait pas réussi à gagner son cœur ; elle était bien présente par son corps, mais elle était ailleurs par son esprit ; c'est alors qu'il décida d'éliminer celui qui avait eu l'audace de lui disputer celle qu'il aimait follement et de plus en plus

La situation entre les deux rivaux était très tendue et

chacun accablait la pauvre Hafsa de reproches. Il arriva un jour qu'elle s'attarda beaucoup trop aux yeux d'Abû Dja'far qui l'attendait depuis un long moment. Lorsqu'elle arriva enfin, il était tellement agité et contrarié qu'il l'accueillit avec véhémence en ces termes : « Que lui trouves-tu de plaisant à ce noir ! je peux t'en acheter dix au marché des esclaves et des biens meilleurs que lui ! »[34]
C'était là des propos outranciers proférés par un homme en colère ; le fils du Calife avait en réalité le teint très sombre, mais en le qualifiant de noir, il sous-entendait un esclave, un homme sans aucun statut qu'on pouvait vendre et acheter à tous moments
Le Sayyid de Grenade eut connaissance de cette grave insulte ; il jura de se venger par la mise à mort de ce récidiviste invétéré. A partir de ce moment il éprouva pour ce dernier, de la haine et attendit une occasion pour mettre son projet à exécution.
Abû Dja'far, savait désormais que ses propos blessants avaient fait du maître de Grenade un ennemi irréductible et se sentit alors, bien que confiné à longueur de temps dans sa demeure, en danger de mort .Le seul moyen qui lui restait pour échapper à la vindicte du Sayyid était de s'enfuir de Grenade, encore fallait-il le pouvoir face à un gouverneur déterminé et tout puissant .
En accord avec son frère Abd er Rahmân , il songea à rejoindre le général Ibn Mardanish [35] qui n'avait jamais accepté la présence des almohades et n'avait cessé de les combattre à partir de Valence, où il s'était établi avec l'aide des rois de Castille et d' Aragon.

Abd al Malik Ibn Sa'îd [36], leur père, redoutait le pire et aurait dit : « si nous bougeons, nous causerons la ruine de notre maison . » Mais Abû Dja'far, menacé dans sa vie, risqua le tout pour le tout et dut se lancer, en compagnie de son frère, dans cette aventure dont l'issue était plus qu'incertaine .Abd er Ramân, plus chanceux ou plus audacieux, réussit à rejoindre le mouvement rebelle, tandis qu'Abû Dja'far, trop prudent, crut bon de s'arrêter à Malaga d'où il espérait rejoindre Valence par mer. Mais malheureusement pour lui, il était suivi à la trace par de nombreux espions au service du Sayyid de Grenade, qui ont vite fait de l'arrêter et de le ramener pour le jeter en prison. Le délit était tout trouvé, son frère avait trahi et lui, accusé de complicité, fut jugé pour haute trahison. Le verdict était connu d'avance mais il fallait sauver les apparences. Le Sayyid pouvait dès lors assouvir sa vengeance en l'assassinant de sang froid en 1165.

En apprenant la mise à mort de son amant, Hafsa porta ostensensiblement le deuil au risque de sa vie. Malgré les menaces dont elle fut l'objet, elle fit preuve d'un grand courage pour les ignorer et faire comprendre clairement au puissant gouverneur que son cœur a toujours appartenu à Abû Dja'far le supplicié. Elle décida à son tour de disparaître en quittant Grenade pour aller se réfugier à Marrakèche où le Calife Abû Ya'qûb l'accueillit à sa cour et la chargea de l'éducation des princesses almohades.
Elle y passa 25 ans, loin de toute vie publique avec le sentiment lancinant d'avoir été la cause de la fin tragique d'Abuû Dja'far qu'elle avait aimé de toute son âme jusqu'à son dernier souffle, c'est-à-dire jusqu'en 1191 ; elle était alors âgée de 54 ans seulement.

Il est légitime de se demander ce qu'est devenu Abû Sa'îd après le départ de Hafsa. On croit savoir qu'il ne resta pas longtemps à Grenade et qu'il participa avec son frère à des campagnes militaires ; après quoi il alla s'établir à Cordoue quelque temps puis à Marrakèche où , rappelons-le, séjournait Hafsa. Si rien ne nous autorise à dire qu'il a continué à la voir, nous pouvons dire, en revanche, sans grand risque de nous tromper, qu'il n'a jamais cessé de l'aimer, ce serait-là l'explication de son indulgence à son égard après qu'elle eût manifesté sa préférence pour Abû Dja'far d'une manière ostentatoire

C'est en 1176 qu'une épidémie de peste [37], nous dit

l'historien Ibn Idhârî, fit des ravages à Marrakèche et dans la région ; il y eut des milliers de victimes. Parmi elles, se trouvaient quatre fils du Calife dont Abû Sa'îd qui n'avait guère plus de 35 ans. Hafsa, qui se trouvait alors à Marrakèche, a été témoin de cette période tourmentée ; elle ne pouvait pas ignorer la mort de l' assassin de son amant. On aurait pu s'attendre à ce qu'elle éprouvât un peu de compassion en déplorant la fin tragique d'un jeune homme dans la fleur de l'âge qui l'avait tant aimée jadis ! ce fut le silence ! Peut-on penser qu'elle croyait à une justice immanente ?

SA PRODUCTION POETIQUE

De toutes les poétesses andalouses, Hafsa a bénéficié d'un traitement de faveur. Elle nous est, en effet, la mieux connue à ce jour. Les principaux historiens et auteurs d'anthologies qui eurent à parler d'elle ont été frappés par ce mode de vie sans précédent d'une femme, libre d'agir à sa guise, sans se soucier du qu'en dira-t-on, courageuse qui eut à braver le représentant de l'autorité suprême, fidèle à l'homme qu'elle a librement choisi, assumant ainsi pleinement ses responsabilités. Bien qu'elle ait été aimée par deux amants au même moment, au même endroit, elle fit preuve d'une grande habilité pour éviter tout conflit entre les deux rivaux, aussi jaloux l'un que l'autre, en partageant son temps entre eux ; c'était là un équilibre périlleux qu'elle a réussi à maintenir. Il est à remarquer que malgré cette conduite, peu orthodoxe, Hafsa ne fut l'objet d' aucune critique, d'aucun propos désobligeant, d'aucune condamnation. On peut même dire qu'elle a été l'objet de respect, voire d'admiration, car elle avait le privilège d'avoir été une des poétesses les plus appréciées, les plus aimées de son temps .

Ce qui retint surtout l'attention de ses biographes, c'était son talent poétique, la beauté de sa poésie, en particulier celle destinée à Abû Dja'far, l'élu de son cœur, la sincérité

de ses sentiments, la fidélité en amour jusqu'au dernier jour. Ces qualités, à vrai dire, bien rares, continuent à retenir l'attention de nos jours.
Il nous reste à relever, cependant, cette insuffisance d'extraits poétiques transmis par ses admirateurs. Il est vrai que, comparativement aux autres poétesses, qui n'eurent droit qu'à quelques vers, Hafsa a eu le privilège, pour notre bonheur, d'être citée une douzaine de fois totalisant quelques soixante-dix vers, dont la plupart sont d'inspiration érotique. On sait par ailleurs qu'Abû Dja'far était, lui aussi un poète au talent reconnu, ce qui nous a valu une correspondance en vers entre les deux amants ou chacun dévoila ses états d'âme, ses joies, ses chagrins, ses espérances.

C'est cette poésie d'amour que nous avons choisie de traduire. Mais si la traduction a toujours été un exercice difficile, Hafsa nous a facilité cette tâche en évitant les fioritures, les figures de rhétorique complexes, elle a privilégié le fond plutôt que la forme sans pour cela négliger le style, et en cela elle diffère de la plupart des poètes qui cherchent surtout à briller en faisant preuve de virtuosité pour plaire et où la maîtrise des techniques se substitue à l'inspiration féconde.

APRES UNE LANGUE ATTENTE ABU DJA'AR COMPOSA CET EXTRAIT

♦ *Ô celle que j'évite de nommer par son nom, y faire allusion me suffit*

♦ *Rien ne me laisse entrevoir que la promesse sera tenue, ma crainte est d'arriver au terme de ma vie*

♦ *C'est aujourd hui que je t'attends et non au jour de la résurection*

وقال أبو جعفر وقد طال إنتظاره حفصة

يا مَنْ أُجانِبُ ذِكْرَ اسْمِـ ـهِ وَحَسْبِيَ عَلامَهْ
ما أن أرى الوعْدَ يُقْضَي والعُمْرُ أَخْشى انْصِرامَهْ
اليوم أرجوكِ لا أنْ يكون لي في القيامَهْ

La réponse de Hafsa

♦ *Ö toi qui prétends être au premier rang de ceux qui incline vers la beauté et aiment avec passion*

♦ *Ton poème m'est parvenu mais sa facture était loin de me satisfaire*

♦ *Ô toi qui prétends aimer, il te suffit de perdre tout espoir de revoir la bien-aimée, pour te détourner d'elle*

♦ *Tu t'es lourdement trompé ; tu n'as obtenu aucun pouvoir*

♦ *Depuis que tu t'es lancé dans la course, tu n'as cessé d'être en sécurité*

♦ *Jusqu'au moment où tu fis un faux-pas et t'es couvert de honte en manifestant de la lassitude*

♦ *A tout moment, par la volonté divine, les nuages répandront leur pluie*

♦ *A tout moment les fleurs transperceront leurs calices*

♦ *Si tu venais à savoir mes raisons, tu t'abstiendrais de me faire le moindre reproche*

فردت عليه حفصة قائلة.

يا مُدّعي في هَوى الحُسْـ ـنِ والغرامِ الإمَامَهْ
أتى قَريضُك لكِنْ لَمْ أرضَ مِنْهُ نِظامَهْ
أمُدّعي الحُبِّ يَثْنى يأسُ الحبيبِ زِمامَهْ
ضَلَلْتَ كُلَّ ضَلالٍ ولم تُفِدْكَ الزّعَامَهْ
مازلتَ تَصْحَبُ مُذْ كُنْـ ـتَ فِي السّباقِ السَّلامَهْ
حتّى عَثَرْتَ وأُخْجِلْتَ بافْتِضاحِ السّآمَه
باللّهِ في كُلّ وقْتٍ يُبدِي السّحاب انسِجامَهْ
والزّهرُ في كلّ حين يشُقُّ عنه كِمامَه
لو كُنت تعلمُ عُذْري كَفَفْتَ غَرْبَ المَلامَه

Abu Dja'far en accueillant Hafsa improvise ce vers

♦ *Allons ! arrêtes ! n'énumères pas les fautes maintenant que nous sommes réunis .Viens ! je m'abstiens d'en faire le décompte et toi aussi*

ولما تم اللقاء قال أبو جعفر:

دَعِي عَدَّ الذُّنُوبِ إِذِ الْتَقَيْنا   تَعالَيْ لا أَعُدُّ ولا تَعُدِّى

Abu Dja'far exprime sa satisfaction après le départ de sa bien-aimée

♦ *Que Dieu préserve une nuit qui nous a dissimulés un soir, au sein d'un enclos du Mu'ammal, une nuit qu'aucun censeur n'est venu perturber*

♦ *Une brise parfumée avait soufflé des environs du Nadjd[1], lorsque les girofles avaient répandu leur odeur exquise*

♦ *Un tourtereau, du haut de l'arbre, s'était mis à gazouiller, et une branche, par-dessus un ruisseau, s'était inclinée*

♦ *Le verger s'était offert au regard, tout réjoui, par ce qu'il venait de voir : accolades, étreintes, et baisers à pleine bouche*

وقال أبو جعفر معبرا عن فرحه بعد مغادرة حبيبته:

رَعَى اللّهُ ليلاً لَمْ يُرَعْ بِمُذَمِّمِ   عَشِيَّةَ وارَانا بِحَوْزِ مُؤَمَّلِ
وقد نَفَحَتْ مِن نَحْوِ نَجْدٍ أريجة   إذا نَفَحَتْ هبَّت بِرَيّا القَرَنْفُلِ
وغرّدَ قُمْرِيٌّ على الدّوْحِ وانْثَنَى   قَضِيبٌ من الرّيحانِ مِنْ فَوْقِ جدْوَلِ
يُرَى الرّوضُ مَسْرورًا بِما قَدْ بدا لَهُ   عِناقٌ وضَمٌّ وارْتِشافُ مُقَبّلِ

Hafsa répond à son amant avec ironie

♦ *Par ta vie, je le jure, que notre union n'a pas réjoui le jardin, mais c'est plutôt de la rancoeur et de l'envie qu'il nous a données à voir*

♦ *Que le ruisseau, de nous voir si proches l'un de l'autre n'a pas applaudi par plaisir, et que le tourtereau n'a pas gazouillé pour l'amour ardent qu'il éprouve*

♦ *N'accorde pas de préjugé favorable, ce dont tu es digne, car ce n'est pas la bonne manière d'agir en tous lieux*

♦ *Il ne m'est pas venu à l'esprit que les étoiles de l'horizon ont apparu pour une raison autre que celle de nous épier*

ردت حفصة على حبيبها بأسلوب هزلي:

عَمْرُك ما سرَّ الرِّياضَ وِصالُنا   ولكنَّهُ أبْدى لنا الغِلَّ والحَسَدْ

ولا صَفَّقَ النّهرُ ارْتِياحًا لِقُرْبِنا   ولا غَرَّدَ القُمْريُّ إلاّ لِما وَجَدْ

فلا تُحْسِنِ الظنَّ الّذي أنتَ أهْلُهُ   فَما هو في كُلِّ المَواطِنِ بالرَّشَدْ

فما خِلْتُ هذا الأفْقَ أبْدى نُجُومَهُ   لِأمرٍ سِوى كَيْ ما يكونُ لَنا رَصَدْ

Hafsa, éperdue d'amour adresse ce dystique à son amant

♦ *Par amour pour toi, je suis jalouse de mon regard, de moi, de toi, de ton temps et de ton espace*

♦ *Si je t'enfouissais dans mes yeux jusqu'au jour du Jugement dernier, je resterais encore insatisfaite*

وقالت معبرة عن ولعها بحبيبها

أغارُ عَليْكَ مِنْ عَيْني ومِنِّي   ومِنْكَ ومِنْ زَمانِك والمَكانِ
ولوْ أنِّي خَبَّأْتُكَ في عُيُوني   إلى يوم القِيامَةِ ما كَفانِي.

L'invitation de Hafsa

♦ *Ou tu me rends visite ou bien c'est à moi de venir auprès de toi, mon cœur, vers ce que tu désires, incline à jamais*

♦ *Ma bouche est une source, son eau est douce, délicieuse ; et ma chevelure abondante, répand d'agréables ombrages*

♦ *Mon souhait est que tu sois assoiffé, brûlé par le soleil, lorsque l'heure méridienne te surprendra à mes côtés*

♦ *Dépêche-toi de répondre, car dédaigner Buthayna[38], Ö Djamil[38], c'est plutôt déplaisant*

تود حفصة أن تزور حبيبها فقالت له:

أَزُورُكَ أَمْ تَزورُ فإنّ قلبي   إلى ما تَشْتَهي أَبَدًا يَميلُ

فثغري مَورِدٌ عَذبٌ زُلالٌ   وفَرْعُ ذُؤابَتي ظِلٌّ ظليلُ

وقد أَمَّلْتُ أن تَضْما وتَضْحى   إذا وافَى إلَيْكَ بي المَقيلُ

فَعَجِّلْ بالجوابِ فَما جَميلٌ   إباؤُكَ عَنْ بُثَيْنَةَ يا جَميلُ

Le baiser

♦ *Je rends hommage à ces dents, et je sais de quoi je parle, car j'en ai fait l'expérience*

♦ *Je leur rends justice et, sans mentir, je dirai que j'ai eu à savourer un nectar plus délicieux qu'un vin généreux*

القبلة

ثَنائي عَلَى تِلْكَ الثّنايا لأنّني أقُولُ عَن عِلْمٍ وأنْطِقُ عَن خُبْرِ
وأنصِفُها لا أكْذِبُ اللّهَ أنّنِي رَشَفْتُ بها ريقًا ألذَّ مِن الخَمْرِ

Hafsa défend son amant et dénonce les envieux

♦ *Tu as assumé la fonction de chef, et les ennemis, du fait de leur injustice et de leur science développée, ne cessent de dire : mais pourquoi a-t-il été en tête pour diriger ?*

♦ *Est-il répréhensible qu'un homme qui s'élance vers les sommets et se cabre contre l'impureté soit le chef du peuple de son temps ?*

وقالت حفصة ذائدة عن حبيبها ومندّدة الأعداء

رَأسْتَ فَما زالَ العُداةُ بظُلْمِهِمْ   وعِلْمِهِم النَّامي يَقولونَ لِم رَأسْ
وهَلْ مُنْكَرٌ أنْ سادَ أهْلَ زَمانِهِ   جَموحٌ إلى العُلْيا حَرُونٌ عَنِ االدّنَسِ

Le salut de Hafsa à l'adresse de son amant emprisonné

♦ *C'est un salut qui fait éclore le calice des fleurs et qui fait roucouler les colombes sur les branches perchées*

♦ *Que j'adresse à un être éloigné qui a mon cœur pour demeure, bien que mes yeux, de sa vue, soient privés*

♦ *Ne crois pas que l'éloignement t'effacera de ma mémoire ; c'est là une chose qui ne se produira jamais, je te le jure !*

وقالت حفصة بعد اعتقال حبيبها أبي جعفر

سَلامٌ يُفتِّحُ عَنْ زهْرِهِ الـ كِمَامَ ويُنْطِقُ ورْقَ الغُصونْ
على نازِحٍ قد شَوى فِي الحَشا وإنْ كان تُحْرمُ مِنْهُ الجُفُونْ
فلا تَحْسِبُوا البُعْدَ يُنْسيكُمْ فَذاك واللّه ما لا يَكُونْ

Visite inopinée

« J'étais un jour chez-moi, nous dit Abû Dja'far [39] , en compagnie de personnes qu'on aime retrouver dans l'intimité tels ces nobles chevaliers, pour goûter un moment de détente que le destin, par insouciance, nous accorde ; et voilà qu'on frappa à la porte, une domestique sortit pour voir qui c'était, se trouvant face à une femme, elle lui demanda : Que désires-tu ? Remets ce billet à ton maître, lui répondit-elle. A son retour, la domestique me le remit ; j'ai alors lu ces vers

♦ *Un visiteur est venu tels une gazelle par le cou, un croissant lunaire par le visage apparaissant à l'horizon sous les ténèbres de sa chevelure*

♦ *Ses yeux magiques sont l'œuvre de Babel[40], le nectar de sa bouche est d'un goût bien meilleur que celui d'un vin généreux*

♦ *La joue a le secret de couvrir les roses du rouge de la confusion, et la bouche, elle aussi, laisse apparaître des perles éclatantes*

♦ *Verrais-tu un inconvénient à ce qu'il entre après le lui avoir permis ? ou bien aimerais-tu le voir rebrousser chemin pour une quelconque raison ?*

J'ai su, ajouta-t-il, que c'était Hafsa et je me suis précipité vers la porte ; je l'ai alors accueillie comme on accueille un être qui avait pour intercesseurs sa beauté, ses manières courtoises, l'amour, pour lui éprouvé, l'aimable visite qu'il fait sans rendez-vous à un moment où l'on désire, se trouver en sa compagnie

قال أبو جعفر:

كُنْتُ يَوْما في مَنْزِلي مع مَنْ يُحَبُّ أن يُخْلى مَعهُ مِن الأَجْوادِ الكرامِ على راحَة سَمَحَتْ بها غَفَلاتُ الأيّام فَلمْ نَشْعُر إلّا بالبابِ يُضْربُ. فَخَرجَتْ جاريةٌ تَنظُرُ مَنِ الضاربُ فوجَدَتْ امرأةً فقالت لها:

- ما تُريدينَ؟

- ادْفَعي لِسيّدِكِ هذه الرّقعَةَ فَجاءتْ برقعةٍ مِنْها:

زائِرٌ أَتَى بِجيدِ الغَزالِ — مُطلِع تَحْتَ جُنْحِهِ لِلْهلالِ
بِلحاظٍ مِن سِحْرِ بابِلَ صِيغَتْ — ورضابٍ يَفُوقُ بِنْتَ الدّوالي
يَفْضَحُ الوَرْدَ ما حَوى مِنْهُ خَدٌّ — وكذا الثّغرُ فاضِحٌ لِلآّلي
ما تَرى في دُخولِهِ بعْدَ إذْنٍ — أوْ تَراه لعارِضٍ في انفِصالِ

قال:

«فعَلِمْتُ أنّها حَفْصَة وقُمْتُ مُبادِرًا لِلْبابِ وقابَلْتُها بِما يُقابَلُ به من يَشْفَعُ له حُسْنُهُ وآدابُه والغَرامُ بِهِ وتَفَضّلُهُ بالزّيارة دون طلبٍ في وقتِ الرّغْبةِ في الأنْسِ بِهِ

Après l'assassinat d'Abu Dja'far

♦ *Si tu n'avais pas été un astre, mes yeux, après avoir connu la lumière, ne sauraient être dans le noir, maintenant que tu n'es plus là*

♦ *Un être affligé adresse un salut à ces belles qualités qui se sont éloignées, emportant avec elles sa félicité et sa douce gaîté*

وبعد ما قتل حبيبها صبرا تأتى لها أن تقول

وْ لَمْ يَكُن نَجْما لما كان ناظِري وقد غِبْتَ عَنْهُ مُظلمًا بعد نُورِهِ

لامٌ على تِلكَ المَحَاسِنِ مِن شَجٍ تَناءَتْ بِنُعْماهُ وطِيبِ سُرورِهِ

Les souffrances de Hafsa

♦ *Demandez à l'éclair frémissant, alors que la nuit est bien calme, s'il continue toujours, en évoquant mes amis, à me rappeler mon impuissance*

♦ *Par ma vie, je le jure ! L'offrande qu'il fit à mon cœur, est une palpitation, et à mes yeux une pluie de larmes répandues par ses nuages*

وأن تقول معبرة عن آلامها

سَلُوا البَارِقَ الخَفّاقَ واللّيْلُ ساكِنٌ   أظلَّ بأحْبابي يُذكِّر لي وهْنَا

لعَمْري لقد أهْدى لِقَلْبي خَفْقَةً   وأمْطَرَني مَنْهَل عارِضِهِ الجَفنَا

Hafsa : objet de menaces

♦ *Ils m'ont menacée pour avoir porté le deuil après la mort d'un ami, par eux assassiné*

♦ *Que Dieu accorde sa miséricorde à celui qui verserait une larme ou qui se lamenterait sur la victime d'ennemis*

♦ *Que les pluies matinales l'arrosent, où qu'il soit à travers le pays, avec la même générosité qui fut celle du défunt.*

تهديد حفصة بعد ما لبست الحداد

هَدّدُوني مِنْ أجْلِ لَبْسِ الحِدادِ   لِحَبيبٍ أرْدَوهُ لي بالحُدادِ
رَحِمَ اللّهُ من يَجُودُ بِدمْعٍ   أو يَنُوحُ على قَتيلِ الأَعَادي
وسَقَتْهُ بِمِثْلِ جُودِ يَدَيْهِ   حَيْثُ أضْحى من البلادِ الغَوادي

LA PRINCESSE BUTHAYNA
SA VIE, SON ENVIRONNEMENT, SA POESIE

Buthayna est une des trois filles du célèbre Prince poète de Séville Al Mu'tamid Ibn Abbâd et de la non moins célèbre I'timâd ar Rumayquiyya.

Rappelons brièvement les circonstances dans lesquelles Al Mu'tamid fit la connaissance de celle qui allait devenir l'épouse favorite qu'il aima profondément jusqu'à la fin de sa vie.

C'était un jour où Al Mu'tamid, qui était alors gouverneur de Silves, vint en compagnie de son ami et complice, le poète Ibn 'Ammâr, pour se délasser sur l'une des rives du Guadalquivir. En observant la surface de l'eau de ce fleuve frémir, sans doute sous l'effet de la brise, il improvisa le premier hémistiche d'un vers et demanda à Ibn 'Ammâr de compléter le vers en composant le deuxième hémistiche. C'était là une manière fréquente de mettre à l'épreuve un poète pour mesurer ses capacités et l'étendue de ses connaissances. Or ce jour-là Ibn 'Ammâr, poète déjà célèbre en son temps, tarda à satisfaire le vœu de son illustre compagnon ; une jeune fille, qui lavait du linge au bord de l'eau à proximité d'eux, se hasarda à répondre à l'attente du Prince, devançant ainsi Ibn 'Ammâr qui restait muet. Cet hémistiche allait bouleverser sa vie et lui donner une orientation insoupçonnée. Ce jeune gouverneur, très friand de poésie, fut impressionné par sa rapidité à improviser avec une si grande justesse, mais aussi par sa beauté et son charme, il voulut en savoir davantage : qui était -elle ? d'où venait-elle ? Comment s'appelait-elle ? C'est alors qu'elle se fit connaître en déclarant qu'elle était une esclave et que son maître s'appelait Ar-Rumayk. C'était le coup de foudre : Al Mu'tamid la racheta sur-le-champ à son maître, l'épousa et l'appela désormais I'timâd, nom dérivé de la même racine que le sien.

Revenons à Buthayna sur laquelle nous avons très peu de renseignements ; ce prénom est le diminutif de buthna qui signifie une femme jolie à la peau douce ; elle avait, outre ses deux sœurs, quatre frères qui nous sont mieux connus pour avoir été des gouverneurs désignés par leur père et dont trois au moins furent confrontés à des événements tragiques au cours desquels ils ont péri

L'instabilité politique à Séville, l'incertitude du lendemain, n'ont pas empêché la poésie de connaître ses heures de gloire, et parmi la pléiade de poètes, dont nous connaissons la plupart, il y avait les deux fils d'Al Mu'tamid : Ar Rashîd et surtout Ar Râdî. En revanche, il n'est fait mention d'aucune fille. Tout ce que nous savons à ce jour, nous le devons à cette Buthayna à travers un poème unique de 11 vers qui la fit entrer dans l'éternité et révéla sa qualité de poétesse.
Dans quelles circonstances Buthayna a-t-elle été amenée à composer ce poème qu'elle adressa à son père ?.

Lorsque les Almoravides se sont emparés de la principauté de Séville et ont arrêté toute sa famille princière, Buthayna a réussi à s'enfuir pour se réfugier ailleurs. Mais les envahisseurs, qui étaient partout, ne tardèrent pas à la capturer pour la vendre à un riche commerçant qui ignorait tout d'elle. Lorsque ce dernier la céda à son fils et que celui-ci voulut la prendre elle refusa et dévoila son identité . « je suis , déclara-t-elle, la Princesse Buthayna, fille d'Al Mu'tamid, l'ex- souverain de Séville qui fut envoyé, avec les autres membres de sa famille qui avaient survécu, en exil à Aghmat au sud du Maghreb, non loin de Marrakèche, la capitale de l'empire almoravide, par Abu Yûsuf Ibn Tâshfin, lui épargnant ainsi le sort des autres princes qui furent, eux, exécutés !.

Son appartenance à une famille princière ne lui permettait d'être, selon elle, qu' une épouse légitime ; pour ce faire il lui fallait l'autorisation de son père, conformément au

droit musulman. Son prétendant, en homme intelligent et sensible, l'autorisa à consulter son tuteur.
C'est alors que Buthayna composa ce poème qui parvint à son destinataire. Quelle n'a été la joie de celui-ci d'apprendre que sa Buthayna était toujours en vie, une joie partagée par I'timad, sa mère, et par le reste de sa famille, car ils étaient tous sans nouvelles d'elle depuis le jour de la débâcle (Nafh. 1V .284-85)
La réponse du souverain déchu et exilé ne pouvait-être que positive, mais les apparences étant sauves, il se contenta de lui répondre par un seul vers où perçait sa résignation ; il lui recommanda toutefois d'être dévouée à son futur mari.

Poème écrit de sa propre main

♦ *Ecoute mon propos et prête une oreille attentive à mon discours, c'est la manière d'agir propre aux personnalités généreuses*

♦ *Ne niez pas que j'ai été capturée et que je suis la fille d'un souverain des Banu Abbâd !*

♦ *Un souverain majestueux dont le règne n'est plus, c'est là l'œuvre du Destin où tout est appelé à périr*

♦ *Lorsque Dieu a voulu nous disperser et nous donner pour viatique le malheur*

♦ *La duplicité a surgi alors dans le royaume de mon père et la séparation que nul n'a voulue devint imminente*

♦ *Je me suis enfouie et un individu s'empara de moi, sans penser dans sa précipitation à me ménager*

♦ *Jusqu'à me vendre comme le sont les esclaves, je fus prise par un homme qui me protégea de tout, excepté de mes tourments*

♦ *Et voulut me marier à un de ses fils, bien de sa personne et de noble ascendance*

♦ *Il vient vers toi pour te consulter et obtenir ton consentement, il t'appartient de guider mes pas vers la voie de la sagesse*

♦ *Puisse-tu ô Père ! me dire s'il est de ceux dont on peut espérer de l'affection*

♦ *Et la vertueuse Ar Rumaykiyya ! Puisse-t-elle prier notre Seigneur, afin qu'il nous accorde succès et bonheur .*

وها ما كتبته بخطها من نظمها.

اسْمَع كَلامي واسْتَمِعْ لِمَقالتي　　فَهْي السُّلوكُ بَدَتْ من الأَجْيادِ

لا تَنْكُروا أَنّي سُبيتُ وأَنّني　　بِنْتٌ لِملكٍ من بَني عبّادِ

مَلِكٌ عظيمٌ قَدْ تَولّى عصْرُهُ　　وكذا الزّمانُ يؤولُ لِلْإفْسادِ

لمّا أرادَ اللّهُ فُرْقَةَ شَمْلنا　　وأذاقَنا طَعْمَ الأَسَى عَن زادِ

قام النّفاقُ على أبي في مُلْكِهِ　　فَدَنا الفراقُ ولم يَكُنْ بِمُرادِ

فَخَرجْتُ هاربةً فحازَني امْرُؤ　　لَمْ يأتِ في إعْجالهِ بِسَدادِ

إذْ باعَني بَيْعَ العبيدِ فَضَمّني　　مَنْ صانَني إلّا من الأنكادِ

وأرادَني لِنِكاحِ نَجْلٍ طاهرٍ　　حَسَنِ الخَلائقِ من بَني الأَنْجادِ

ومَضَى إليك يسُوم رأيكَ الرِّضى　　ولَأَنْتَ تَنْظرُ في طريقِ رشادي

فَعَساكَ يا أَبَتي تُعَرِّفُني بِهِ　　إنْ كان مِمّن يُرْتَجى لِوِدادِ

وعَسَى رُمَيْكيّة المُلوكِ بِفَضْلِها　　تَدْعو لنا باليُمْنِ والإسْعادِ

HAMDA BINT ZIYAD AL WADI ASHIYYA
SA VIE, SON MILIEU, SA POESIE

Nous avons fait observer que les renseignements relatifs aux poétesses précédentes étaient rares, Hamda n'a pas été mieux lotie.
Elle naquit à une date indéterminée dans un village dans les environs de Wâdî Ash (Guadix), au V° -XI° siècle, selon les uns, au VI°-XII°siècle, selon les autres
Elle avait, nous précise-t-on, une sœur du nom de Zaynab qui était, elle aussi, une poétesse de talent ; mais c'est surtout Hamda appelée aussi Hamdûna, fille d'un certain Ziyâd Ibnu Baqiyy Al Awfî al Mu'addib qui retint, si l'on peut dire, l'attention des biographes qui nous ont transmis quelques vers de sa composition.

Selon Ibn Sa'îd (Mughrib II ,145), elle était avec sa sœur, parmi les femmes de Grenade appelées «al arabiyyâtes » pour leur maîtrise de la langue arabe ; elle eut le privilège d'avoir été surnommée la « Khansâ »[41] de l'Andalousie, cette poétesse célèbre pour les élégies qu'elle composa après la mort de ses deux fréres Sakhr et Mu'awiya.

Trois extraits poétiques seulement nous sont parvenus. Dans le premier extrait, Hamda évoque une sortie où, accompagnée de jeunes filles, elle se rendit au fleuve « Wâdî Ash »pour se baigner. Une des baigneuses, fort belle, n'a pas manqué de la charmer , ce qui nous a valu une description sensuelle, fait rare dans la bouche d'une femme.
Il ressort de cet extrait que l'homosexualité féminine était une réalité mais beaucoup plus discrète que l'homosexualité masculine .Cette pratique ne faisait pas l'objet de récrimination particulière et était considérée comme un phénomène civilisationnel dont l' Andalousie n'avait pas l'exclusivité. A l'instar de Hamda il y a bien eu Wallada qui s'était éprise de Muhdja, une autre poétesse de Cordoue et il devait y avoir bien d'autres.

Le second extrait est une description de la vallée de Guadix ; cet extrait était d'une si belle facture qu'il suscita l'admiration d'Al Ma'arri [42], ce qui n'est pas peu dire, quand on connaît la dimention de ce poète philosophe encore célèbre de nos jours.
Dans le troisième extrait Hamda s'en prend aux envieux et les fustige sans concession.

La baignade de HAMDA

♦ *Au bord du fleuve, les larmes ont révélé mes secrets, un fleuve dont les traces de la beauté n'échappaient pas au regard*

♦ *Tel ce ruisseau enserrant chaque verger, et tel ce verger s'étalant à l'entour de chaque vallée*

♦ *Parmi les jeunes gazelles, une antilope du monde des humains m'est apparue et a ravi mon cœur*

♦ *Elle baissait les paupières pour exprimer un désir, un désir qui m'empêchait de dormir*

♦ *Si elle dénouait ses cheveux, tu verrais la lune dans sa plénitude à l'horizon bien après le lever du jour*

♦ *C'est comme si le matin avait perdu son frère, et qu'il s'était, de tristesse, vêtu de noir*

خرجت حمدة مرة للوادي مع صبية فلما نضت عنها ثيابها و عامت قالت:

أباحَ الدّمعُ أسْراري بِوادٍ   لَهُ في الحُسنِ آثار بَوادِ
فَمِنْ نَهْرٍ يَطوُف بِكلّ رَوْضٍ   ومِنْ رَوْضٍ يَرُفُّ بِكُلّ وادِ
ومِنْ بَيْنِ الظّباءِ مَهاةُ أُنْسٍ   تَبَدَّتْ لي وقد سَلَبَتْ فؤادي
لها لَحْظٌ تُرقّدُهُ لأمْرٍ   وذاكَ الأمْرُ يَمْنَعُني رُقادي
إذا سَدَلتْ ذَوائبَها عليها   رأيتَ البَدْرَ في أفقِ الرّآد
كأنّ الصُّبح ماتَ لهُ شقيقٌ   فَمِنْ حُزنٍ تَسَرْبَل بالسّوادِ

Evocation d'une vallée

♦ *Une vallée qu'une abondante pluie a généreusement arrosée nous a protégés des brûlures du soleil*

♦ *Nous fîmes une halte sous l'épais feuillage des branches qui, inclinées sur nous, étaient telles des nourrices inclinées avec tendresse sur un bébé sevré*

♦ *Elle nous désaltéra en nous offrant à boire une eau limpide, plus exquise que le vin servi au convive*

♦ *Détourna le soleil de quelque coté qu'il se présente, l'éclipsa et autorisa la douce brise à souffler*

♦ *Ses graviers ont ému la jeune vierge ornée de pierreries qui – perplexe- s'était mise à palper de tous cotés le beau collier bien ordonné*

وقالت واصفة واديا

وقَانَا لفْحَةَ الرّمْضاءِ وادٍ   سَقاهُ مُضاعَفُ الغَيْثِ العَميمِ
حَلَلْنا دَوْحَهُ فَحَنا عَليْنا   حُنُوَّ المُرْضِعاتِ على الفَطيمِ
وأَرْشَفنا على ظَمإٍ زُلالًا   ألَذَّ من المُدامةِ لِلنّديمِ
يَصُدُّ الشّمسَ أنّى واجَهَتْنا   فَيَحْجُبُها ويَأذَنُ لِلنّسيمِ
يَروعُ حَصَاه حاليَةَ العَذارى   فَتَلمَسُ جانِبَ العِقْدِ النظِيمِ.

A propos des fâcheux

♦ *Lorsque les calomniateurs ne voulaient rien d'autre que de nous séparer, alors qu'ils n'avaient aucune raison de se venger de nous*

♦ *Ils ont répandu toutes sortes de propos malveillants pour nous détruire à un moment où mes protecteurs et mes défenseurs étaient peu nombreux*

♦ *Je les ai combattus avec les épées de tes yeux, avec le torrent de mes larmes et avec le feu de mon souffle*

وقالت مشيرة إلى الواشين

ولمّا أَبَى الواشُونَ إلّا فِراقَنا   ولَيْسَ لَهُم عِنْدي وعِنْدَك مِنْ ثارِ

وشَنُّوا على أسْماعِنا كُلّ غارَةٍ   وقَلّتْ حُماتِي عِنْدَ ذاك وأنْصارِي

غَزَوْتُهُمْ مِن ناظِرَيْك وأدْمُعي   ومِنْ نَفْسي بالسّيفِ والسَّيْلِ والنّارِ

QASMUNA BINT ISM'AI AL YAHUDIYYA
SA VIE, SON MILIEU, SA POESIE

Si les renseignements relatifs à Qasmûna sont très rares, il en est tout autrement de son père, celui-ci s'appelait Ismâ'il ibn Naghrela, un juif natif de Cordoue, venu s'installer à Grenade en famille ; l'un de ses trois garçons s'appelait Joseph et fera parler de lui plus tard

Ce choix de venir tenir une épicerie à Grenade n'était pas fortuit. Il faut rappeler que cette région avait été de tout temps peuplée par des juifs et en particulier au XI° siècle sous les Zirides, au point d'être surnommée la Grenade des juifs. Cette communauté importante par le nombre était structurée et puissante financièrement ; elle s'adonnait essentiellement au commerce.

Le père de Qasmûna, à l'instar de bien d'autres juifs, avait bénéficié d'une solide formation. Ibn Hayyân , l'auteur du livre « al bayân », qui était son contemporain , a observé qu'il était particulièrement doué et qu'il s'était intéressé surtout à la langue arabe , l'avait maîtrisée parfaitement et l'écrivait couramment en plus de l'hébreu ; il étudia aussi la langue romane. Il était de confession judaïque et jouissait d'un immense prestige .Le Prince berbère Habbûs de Grenade, bien informé à son sujet, avait compris tout le parti qu'il pouvait en tirer en le nommant Premier Ministre. C'est encore l'historien Ib Hayyân qui a énuméré toutes les qualités de ce personnage dans un long passage, nous donnant ainsi à voir, le profil de cet homme habile, mesuré, pragmatique dans ses négociations aussi bien avec les chrétiens qu'avec les musulmans

Après avoir regretté que ce juif ne fut pas instruit dans la foi véritable, notre historien nous apprend « qu'il écrivait au nom du Prince en utilisant les invocations à Dieu et aux

prophètes propres aux musulmans, et chantait les louanges de l'Islam (Dozy H.E.M III ,89)
Pour terminer cette esquisse, il nous faut dire qu'Ismâ'îl al yahûdî était aussi un poète, et comme tout notable qui se respecte, il avait sa cour où affluaient des poètes courtisans qui virent en lui un mécène très généreux. Quelques poèmes laudatifs nous ont été conservés qui nous laissent quelque peu sceptique quant à la sincérité de leurs auteurs.

Revenons à Qasmûna al yahûdiyya qui eut le privilège de vivre dans cet environnement favorable à son épanouissement. Etant fille unique, elle a été très aimée par son père qui s'était chargé de la former, surtout en poésie, et s'était aperçu très tôt qu'elle ne manquait pas de talent.
Pour la mettre à l'épreuve, nous dit l'historien Maqqarî, il composa la première moitié d'une « muwashshaha » et lui demanda de composer la seconde, ce qu'elle fit aisément, répondant ainsi à l'attente de son père, mais cette «muwashshaha», ne nous a pas était, malheureusement, conservée. Pour être pleinement convaincu, il voulut soumettre sa fille à une autre épreuve qui lui permettrait d'apprécier sa capacité d'improvisation selon le procédé habituel où l'interlocuteur est appelé à compléter un vers en composant sur le champ le second hémistiche après avoir entendu le premier ;.cette fois-ci, Qasmûna était invitée à improviser un second vers à la suite de celui que son père lui avait déclamé. La poétesse en herbe a enchanté son père comme nous l'apprend encore Maqqarî en écrivant : « il se leva tel un fou, la serra contre lui, l'embrassa sur le front en lui disant, avec tes dix mots, tu m'as surpassé dans l'art de composer des vers ! [43]

Improvisation de Qasmuna

♦ *Isma'il al yahûdi Ibn Naghrela ,s'adressant à sa fille, déclama ce vers :*

♦ *J'ai un ami doté d'un cœur qui trouve tout-à-fait licite de répondre à un bienfait par une mauvaise action*

Et lui demanda d'enchaîner.
Sans trop réfléchir elle lui répondit en composant ce vers :

♦ *Comme le soleil à qui la pleine lune prend la lumière à tout jamais pour finir par l'éclipser*

ارتجال قسمونة اليهودية
قال لها أبوها أجيزي

لِي صاحِب ذُو مُهْجةٍ قَدْ قابَلَتْ   نُعْمَى بِظُلْمٍ واسْتَحَلّت جُرْمَها

فَفَكّرتْ غير كَثير وقالت :

كالشّمْسِ مِنْها البَدْر يَقْبِسُ نُورَهُ   أَبَدًا ويَكْسفُ بعد ذلكَ جِرْمَها

Après s'être regardée dans un miroir

♦ *J'ai vu un jardin avec des fruits prêts à être cueillis, mais je n'ai vu personne tendre la main pour les cueillir*

♦ *Hélas ! quel malheur de voir la jeunesse s'en aller en pure perte et de voir, celui que je ne peux nommer, rester solitaire*

وقالت بعدما نظرت نفسها في المرآة

ى رَوْضَةً قَدْ حانَ مِنْها قِطافُها   ولسْتُ أرى جَان (١) يَمُدُّ لها يَدا
أسَفا يَمْضِي الشّبابُ مُضَيّعًا   ويَبْقَى الّذِي ما لا أُسَمِّيهِ مُفْرَدا

Reflexion

♦ Ô jeune gazelle qui s'en va paître continûment dans les vergers, je partage avec toi l'humeur farouche et la beauté des yeux

♦ Chacun de nous est restée seule, privée de compagnon, c'est là notre destin, il nous faut l'accepter pour toujours!

اعتبار

ياظَبْيةً تَرْعَى بِرَوْض دائما   إنّي حَكَيْتُك في التّوحُّشِ والحَوَرْ
أمْسى كِلانا مُفْرَدًا عَن صاحِبٍ   فَلْنَصْطَبِرْ أبَدا على حُكْمِ القَدَرْ

١هكذا ورد في النص وقد يقتضي هذا تخريجا، أنظر في النفح، ج٣٠ ص٥٣٠٠

UMMU L HANA'
SA VIE, SON MILIEU, SA POESIE

Bien que nous n'ayons que très peu de renseignements sur cette poétesse dont le nom signifie « la mère de la tranquillité », nous avons pensé qu'elle avait sa place dans cette anthologie grâce à l'unique extrait de sa poésie qui nous a été conservé .

Nous savons qu'elle a vécu au XI° siècle à l'époque des Mulûk at tawâ'if, cette fille du Cadi d'Alméria, à savoir Abû Muhammad Abd l Haqq Ibn Atiyya , avait reçu, comme il se doit, une solide formation. L'historien Maqqarî nous apprend par ailleurs, qu'elle s'était intéressée aux tombes dans ses écrits sans rien citer de ce genre de composition pour nous éclairer !

Revenons à cet extrait poétique qui a immortalisé son nom. La lecture de ces quatre vers seulement nous a permis de découvrir une poétesse dans l'attente fébrile de son amant ; et c'est en apprenant qu'il allait, enfin lui rendre visite, qu'elle composa cet extrait oû elle parvint à exprimer ses sentiments avec une simplicité et une sincérité touchante, et nous laisse percevoir une extrême tendresse et une profonde émotion dans un style limpide et d'une exquise saveur ; cette euphorie dans laquelle baignait cette femme aimante durant l'attente ne peut laisser l'amateur de la belle poésie indifférent, et c'est pour cela que nous avons voulu conclure par ces vers qui nous font songer à une idylle des poètes bucoliques.

Dans l'attente de l'Amant

♦ *Le message de mon bien-aimé est arrivé, en apprenant qu'il allait venir me voir, j'ai eu les larmes aux yeux*

♦ *La joie m'avait envahie ; j'étais si heureuse que j'en ai pleuré*

♦ *Ô mes yeux ! pleurer est devenu une habitude pour vous, que vous soyez heureux ou malheureux vous pleurez toujours !*

♦ *Accueillez-le avec le sourire le jour de son arrivée et laissez les larmes pour la nuit de son départ*

وقالت وهي في انتظار زيارة حبيبها

جَاءَ الكِتابُ مِنَ الحَبِيبِ بأنّهُ　　　سَيَزُورَني فاسْتَعْبَرتْ أجْفانِي

غَلَبَ السُّرورُ عَليَّا حَتّى إنّهُ　　　مِنْ فَرْطِ عِظمِ مَسَرّتي أبْكانِي

يا عَيْنُ صار الدّمْعُ عِنْدَكِ عَادةً　　　تَبْكي فِي فَرَحٍ وفي أحْزانِ

فاسْتَقْبِلي بالبِشْرِ يَومَ لِقائِهِ　　　ودَعِي الدّمُوعَ لِلَيلةِ الهِجْرانِ

NOTES

♦ 1. *Voir Guettat in Musique Andalouse p.11*

♦ 2. *Voir in Figures illustres d'Al Andalus ed. I.M.A. Paris*

♦ 3. *Voir in Histoire des Musulmans d'Espagne III, 448 .*

♦ 4. *Voir Guettat in op . cité p. 165*

♦ 5. *Voir in Ghâbiru al Andalus wa hâdhiruhâ (l'Andalousie :Passé et présent) p.87*

♦ 6. *Voir in Tawq al hamâma , trad.Bercher p.161*

♦ 7. *Voir in op. cité p.161*

♦ 8..*Voir in Hadîqat el arouâh, cité par Pérès dans « Poésie », p.381, n. 2.*

♦ 8. *Voir in Qal'id al 'iqyâne p. 81*

♦ 9. *Dhakhîra p.429 t.I, v.I*

♦ 10. *Al Badr est le symbole du bonheur*

♦ 10 . *Voir in Arabica IV, 1954, art. sur Sukayna :une personnalité féminine du Hidjâz*

♦ 11. *Al Mushtarî est le symbole du malheur*

♦ 12. *Shaqundî, Risâla, Trad. Luya in .Hespéris XXII , 1936 .*

♦ 13. *Voir in Andalus XV -1950, art. « En relisant le collier de la colombe », par Lévi-Provençal ; p.357 , 363 , 368 voir aussi Ibn Quzmân , pour les amours illicites*

♦ 14. *Voir art. de Vajda in Arabica art . cité.*

♦ 15. *De son nom Tammam b.Ghalib, célèbre panégyriste et satirique arabe, il serait né en Yamama (Arabie orientale)à une date incertaine, servi par une mémoire prodigieuse et un talent précoce, il se consacra aux Marwanides ; il meurt à Basra en 728 - Diwân éd. Le Caire 1936 art. de R . Blachère in E.I., II , 807*

♦ 16. *Djarîr b. 'Atiyya est l'un des trois plus importants poètes satiriques de la période umeyyade, les deux autres étant ses rivaux :al Akhtal et al Farazdaq ; il peut être considéré comme l'un des plus grands poètes arabo-*

islamiques de tous les temps, né au milieu du VII° S ; il entama sa célèbre dispute qui devait durer 40 ans avec al Farazdaq qui était un adversaire à sa taille . Il mourut à plus de 80 ans , en 728-29 . - Diwân éd. Beyrouth en 1960 . Voir in E.I , II, 492

♦ *17. Il y aurait au moins 5 personnalités du nom d'Ibn Quzmân qui se sont fait remarqués , soit comme juristes, soit comme savants, soit comme poètes ; Abu Bakr al asghar ibn Quzmân est le célèbre zadjaliste .Constatant qu'il ne pouvait rivaliser avec les grands poètes de son temps, tel un Ibn Khafadja par exemple, il s'adonna au genre populaire dit zadjal, où seul le dialecte arabo-islamique était employé .Là, sa réussite fut si brillante qu'il mérita le titre incontesté de « Imâm az zadjdjâlîn » (Le Prince des zadjalistes) .- Vie difficile sous les Almoravides, où la poésie n'était guère autant appréciée que du temps des Reyès des Tayfas, il fut amené à rechercher des protecteurs en se rendant dans de multiples cours, surtout à Grenade où il adressa des panégiriques à Abû Bakr b. Sa'îd, contrôleur des finances . Ses azdjals sont émaillés de mots en dialecte roman et aussi berbère . Il serait d'origine germanique, ce qui expliquerait sa haute stature, ses yeux bleus et sa barbe rousse Il mourut à Cordoue misérablement en 1153 . voir E.I., III ., 873. Voir aussi Ibn Quzmân wa turâthuhu az zadjali . - art. de Qu'ayb Hamouda . in Revue des Etudes andalouses n°10 , 1993 Tunis -*
Diwân éd. Corrienté Madrid 1980.

♦ *21.Coran, sourate II : « La Vache » versets 64 / -69 ; allusion à la couleur de la vache que les banû–Isrâ'îl devaient sacrifier sur l'ordre de Dieu ; ce doit-être une génisse rousse d'un roux franc, plaisante à regarder . Traduction de Régis Blachère*

♦ *22. Poème en arabe populaire destiné à être chanté .*

♦ *23. Il naquit à Basra vers 96 /714 et fut un des plus grands poètes de son èpoque - E .I. ,I ,112 art . de R. Blachère*

♦ *24. Originaire du hisn al Mudawwar (Almodovar) d'où il s'était enfoui pour aller à Cordoue et de là, il se rendit dans plusieurs villes pour des séjours plus ou moins longs et particulièrement à Grenade où il rencontra notre poétesse ; il serait mort après 540 /1335. - Mughrib I, 223 et Ihâta I, 260.*

♦ *25. Analectes , I , 117-119 .*

♦ *26. Allusion au 1° Calife de l'Islam qui avait le même prénom que l'amant de Nazhûn*

♦ 27- *la cautérisation est considérée comme le suprême remède à utiliser*

♦ 28- *les vierges du Paradis*

♦ 29- *l'ange gardien de la porte du Paradis*

♦ 30- *Arabica , T. XII ,1965*

♦ 31- *Ihâta ,T .I , 233 et 449 – 501.*

♦ 32- *E. I. , III , 950*

♦ 33- *Nafh at Tîb , T. IV , 181.*

♦ 34- *Ihâta , T. I , 223 et 449 .*

♦ 35- *E.I. , III , 889*

♦ 36- *grand personnage de l'Espagne musulmane qui s'était mis au service des Banû Ghaniya avant de se retirer à la qal'a des Banû Sa'îd où il proclama son indépendance .- Ihâta ,T. I , 84*

♦ 37-*al hulal al muwashshiya , éd. Rabat , p. 136.*

♦ 38-*Poète arabe du 1° / VII° siècle, le plus célèbre représentant de la poésie d'amour « 'udhrite », chaste et idéalisé, il est resté dans la tradition littéraire, le porte parole et presque le symbole ; il naquit vers l'an 40 / 660 et mourut en 82 / 701 . - Buthayna est le nom de la femme dont il s'était épris*

♦ *E . I . ,II , 438*

♦ 39-*Nafh at Tîb , T . IV. 179*

♦ 40-*C'est à Babylone que les anges Harût et Marût, après avoir été instruits par les démons, enseignèrent la magie aux hommes ; de là l'adjectif « bâbilî » qui prit le sens de magique .*

♦ 41-*Poétesse de la tribu arabe des banu Sulayman du clan des banu Sharides ; elle serait née aux environs de 575 de l'hégir . Elle embrassa l'Islam et mourut à la fin du califat de 'Umar (644 de l'hégir) - Diwân éd . Beyrouth 1888*

♦ *Traduction française par le Père Coffier Beyrouth 1889*

♦ *E . I. art. de F . Gabrielli , T .IV , 1059*

♦ 42-*Célèbre poète et prosateur arabe de l'époque abbasside . Il naquit à M'arrat an Nu'mân en 363/ 973 et mourut dans sa ville natale en 449/ 1058.*

- *1° Receuil : Saqt az Zind avec son commentaire*

- *5 Vol. ed . Le Caire 1945*

- *2° Receuil : Luzum mâ lâ yalzam , ed. Le Caire 1959*

- *E. I. art. de P. Simon . T. V. 932*

- *43- il s'agit des dix mots qui constituent le vers composé par Qasmûna*

Ouvrages cités en référence

A) *SOURCES*

- *Dabbi : Bughyatu l Multamis , éd. Madrid 1885.*
- *Ibn al Abbar : Takmila , éd . Bel et Benchneb , Alger 1920 .*
- *Tuhfatu l qadim, ed. Bustani , in Revue Al Machriq ,*
- *1947 , n° 100 p. 583-84*
- *Ibn Bassam : Adh Dhakhira fi mahasini l djazira ; vol.I , t . I éd . Ihsan Abbas. Beyrouth 1979.*
- *Ibn Dihya : al Mutrib min ash'ar ahli l Maghrib ,éd. Le Caire 1954*

- *Ibn Hazm : Tawq l hamama ; Trad. Bercher , éd. Alger 1948*

- *Trad . G. Martinez Gros , éd. Sinbad 1992*

- *Ibn al Idhari : Bayan , T. III. p. 263-64 ; éd. Levi Provençal-Paris 1930*

- *Ibn Khaqan : Qala'id al 'iqyane , éd. Tunis 1990.*

- *Ibn al Khatib :al Ihata fi akhbar Gharnata ,éd. M. Inan ,le Caire1973 al Lamha al badriyya fi ad Dawla an nasriyya ed. Beyrouth 1978*

- *Maqqari : Nafh at Tib ed . Abd l Hamid, Beyrouth 1968 ; vol . II, III, IV .VI*

- *Marrakushi : al Mu'djib fi akhbar al Mughrib , éd. Le Caire1963. -Trad.Fagnan*

- *Ibn Sa'id : Al Mughrib fi hula al Maghrib , éd. Le Caire 1953*

- *Shaqundi :Risala in . Nafh at Tib ,IV, 179 . Trad. Luya , .*

♦ *Hespéris 1936, 3° trimestre, T. XXII.*

♦ *Al Washsha : Kitab Al Muwashsha, ed. Beyrouth 1965*

♦ *Yaqut : Mu'djam al udaba, ed. I. Abbas. Beyrouth 1993.*

B) OUVRAGES MODERNES :

♦ *Abdellah Ali : La poésie féminine en Espagne musulmane de la conquête : 711 à la chute de Grenade 1492. Thèse de 3° cycle, Paris III, inédite.*

♦ *Ahmed Amin : fadjr al Islam, éd. Le Caire 1945.*

♦ *Arié Rachel : Etudes sur la civilisation de l'Espagne musulmane éd. leyden 1990 - Aspects de l'Espagne musulmane : histoire et culture éd. Paris 1997*

♦ *Ben Abdesslam. M. Afif : La vie littéraire dans l'Espagne musulmane sous les Muluk at Tawa'if (V°/XI° S.) - éd. de l'Institut français de Damas 2001.*

♦ *Dayf Shawqi : Ashshi'r wa l ghina fi l Madina wa fi Makka fi 'asr - Bani Umeyya. éd. Beyrouth 1967*

♦ *Garcia Gomez : Ashshi'r al andalusi ; Trad. Mu'nis éd. Misr 1956.*

♦ *Guettat Mahmud : - La musique arabo-andalouse, l'emprunte du Maghreb - éd. Fleurs Sociales, Montréal 2000.- éd. El Ouns ; Paris 2000*

♦ *Hadjadji Hamdane : De la Poésie andalouse sous les Reyès des Tayfas - éd. Ziryab Alger 2000 et éd. El Ouns Paris 2000*

♦ *Lévi-Provençal : Histoire de l'Espagne musulmane, éd. G.P. Maisonneuve, Paris 1944-1953. - La civilisation en Espagne, éd.Le Caire 1938. - L'Espagne musulmane, éd. Liban .T. I.*

♦ *Pérès Henri : La Poésie andalouse en arabe classique au XI° S. ed. A. Maisonneuve. Paris 1953.*

♦ *Les éléments ethniques de l'Espagne musulmae et la angue arabe au XI° Dans Etudes Lévi-Provençal ,T.II,717.*

♦ *Raysuni Mohammad : Ashshi'r an niswi fi l Andalus ed. Beyrouth 1978*

♦ *Rikabi Djawdat : fi l adab al andalusi éd Le Caire 1960*

♦ *Rosa Menocal Maria : L'Andalousie arabe : Une culture de la tolérence VII° - XIII° S .éd. Autrement 2003*

♦ *Abu Rub Mohammad :La Poésie galante andalouse ed .Asfar Paris 1990.*

♦ *Rubiéra Maria Jesus :Poésie féminine hispano-arabe .ed.Castalia1989*

♦ *Sobh Muhammad :Poétas arabigo-andaluzes . éd.Grenade 1989*

♦ *J.C. Vadet : L'esprit courtois en Orient dans les 5 premiers siècles de l'hégir éd . Maisonneuve et Larose Paris 1968*

♦ *Vernet Juan : Ce que la culture doit aux Arabes d'Espagne. Trad. de G. Martnez Gros , éd. Sinbad Paris 1985*

C) REVUES :

♦ *ARABICA : Les musiciens et la poésie .Les écoles d'Ishâq al Mawsilî(m .235 H.) et d'Ibrâhîm Ibn al Mahdî (m. 224 H.)*

♦ *Art. de J.E . Bencheikh T. XXII . 1975.*

♦ *- Risâlatu l qiyân (les esclaves chanteuses) de Djâhiz Trad. Pellat T . X. 1963*

♦ *Du fatâ au zarf ou comment on se distingue*

♦ *art . de S . Enderwits . T . XXXVI . 1989*

♦ *Sukayna : une persnnalité féminine du Hidjâz art . de J .C . Vadet . T. IV . 1954.*

♦ *Eléments de biographie et de généalogie des Bânû-Sa'îd*

♦ *art. de G. Potiron T.XII . 1965 , p.78-91*

♦ *HESPERIS : Une poétesse grenadine du temps des Almohades :*

♦ *Hafsa bint al Hâdj ar Rakûniyya art. de Di Giacomo . T. XXXIV . / 1 , 1949 - FRANCE – MAROC :*

♦ *Hafsa : femme de lettres arabe ; Art . de Bakkouche . 9° année n° 100 , 1925*

ENCYCLOPEDIE DE L'ISLAM: *E. I. nouvelle édition T. I., 507-512*

a) Vue générale de l'histoire d'Al Andalus : art. de Lévi-Provençal

b) Littérature et culture andalouse :

♦ *art. Arabiyya B . appendice : p.618-622 de Red..*

TABLE DES MATIERES

- Hamda bint Ziyyâd al wâdî âshiyya

♦ *Sa vie, son milieu, sa poésie*

♦ *Extraits poétiques :*

1-La baignade de Hamda
2-Evocation d'une vallée
3-A propos des facheux

.

- Qasmûna bint Ismâ'îl al yahûdiyya

♦ *Sa vie , son milieu, sa poésie*

♦ *Extraits poétiques*

1-Improvisation
2-Après s'être regardée dans un miroir
3-Reflexions

- Ummu l Hana' : Son unique poème dans l'attente de son amant

PUBLICATIONS DU MEME AUTEUR

♦ *Ibn Khafâdja : L'amateur des jardins de l'Andalousie - Sa vie , Sa poésie - 3èm. éd. Al Bouraq 2006- Paris .*

♦ *Vida e obra dal poéta Ibn Jafâya , trad . Maria Lécéa éd. Hipérion , 1993 Madrid .*

♦ *Ibn Khafâdja al andalusî ou l'amant de la nature.*

♦ *Anthologie bilingue arabe-français avec André Miquel - éd. El Ouns , 2002. Paris.*

♦ *Ibn Zamrak, Shâ'iru l Hamrâ', éd .ENAL- OPU. 1990 Alger. (épuisé)*

♦ *Le Poète-Vizir Ibn Zamrk , du faubourg d'al Baycine au Palais de l'Alhambra.*

♦ *Anthologie bilingue arabe- français- éd. Al Bourâq 2005 Paris.*

♦ *Ibn al Labbâna al andalusî , ou le symbole de l'amitié.*

♦ *Anthologie bilingue arabe-français, éd .El Ouns 1997, Paris.*

♦ *Ibn Ammâr al andalusî : Le drame d'un poète. -Anthologie bilingue arabe-portugais avec Adalberto Alvès éd. Assirio & Alvin , 2000 , Lisboa , Portugal.*

♦ *Anthologie bilinge Arabe-Français, éd.Al-Bouraq, 2009.*

♦ *Les Arabes et l'amour , Anthologie poétique,avec André Miquel - éd.Actes Sud , collection Sinbad, 1999 Paris.*

♦ *Les grands Maîtres algériens du Cha'bî et du Hawzî , (coauteur) - Coédition : El Ouns – UNESCO, 1996, Paris.*

♦ *Méthode d'arabe moderne , bilingue pour adultes, accompagnée d'un C D audio , avec Haouaria Kadra , 3èm. éd. revue et remise à jour, Ibis Press 2004, Paris.*

♦ *L'arabe moderne par les textes littéraires , avec Haouaria Kadra-Hadjadji. 2èm èd . Albouraq ,2006 Paris.*

♦ *La langue Arabe moderne, morphologie et syntaxe, ed.Bachari, Paris 2008.*

51, bd de la Chapelle
75010 Paris
Tel/fax : +33(01) 44 07 23 06
www.editionsbachari.com
Email : adib@editionsbachari.com

Dépot légal : juin 2009

Imprimé en Turquie par Mega-Print
france@mega.com.tr